Tudo Sobre A Tecnologia Blockchain

O Guia Mais Completo Para Iniciantes Sobre Carteira Blockchain, Mineração, Bitcoin, Ethereum, Litecoin, Zcash, Monero, Ripple, Dash, IOTA e Contratos Inteligentes

Alan T. Norman

Tradutor: Tarcísio Ladeia de Oliveira

Obtenha Grátis Seu Livro Sobre **Baleias do Bitcoin**

(Presente no fim do livro)

Copyright © 2017 por Alan T. Norman.

Nenhuma parte desta publicação pode ser reproduzida, distribuída ou transmitida em qualquer forma ou por quaisquer meios, incluindo fotocópia, gravação ou outros métodos eletrônicos ou mecânicos, ou por qualquer sistema de armazenamento e obtenção de informações sem o prévio consentimento escrito do publicador, exceto no caso de citações breves presentes em resenhas críticas e outros usos não-comerciais permitidos pela lei de copyright.

VOCÊ GOSTOU DO LIVRO?

Se você nunca ouviu falar de blockchain ou se você tem apenas uma vaga ideia de como essa tecnologia funciona, este livro é para você. Neste curto guia eu vou te conduzir pelo essencial do funcionamento da tecnologia blockchain, usando explicações simples e dando exemplos pelo caminho. Eu introduzi muitas pessoas à blockchain, então eu sei onde iniciantes tendem a ficar confusos e quais as principais dúvidas que eles têm. Todos os princípios básicos são abordados passo a passo neste livro. Você não precisa de qualquer conhecimento especial ou tecnológico para entender os conceitos presentes neste livro. A blockchain é uma tecnologia, como a internet e o computador pessoal, que foi feita para ser usada pelas massas. Ela tem o potencial de revolucionar quase qualquer interação em nossas vidas. Vários leitores devem ter ouvido falar de Bitcoin e criptomoedas. Essas são aplicações importante da tecnologia blockchain, e a primeiras aplicações. Porém, a blockchain não está restrita ao uso em sistemas financeiros e de pagamento. Embora abordaremos Bitcoin e outras criptomoedas neste livro, também falaremos sobre potenciais aplicações da blockchain em diversas outras indústrias.

Este Não É Um Livro Sobre Investimento Em Bitcoin Ou Outras Criptomoedas

Nos últimos anos, centenas de novas moedas foram criadas, todas elas exclusivamente digitais, baseadas na blockchain. Para novatos à tecnologia, pode parecer surpreendente que pessoas estejam realmente investindo em moedas digitais recém-criadas como o Bitcoin. Embora essas moedas sejam interessantes e tenham o potencial para serem usadas em larga escala, este não é um livro sobre criptomoedas. Se você estiver procurando ajuda para investir ou informações privilegiadas sobre quais moedas serão as mais bem-sucedidas, você precisa de outro livro meu - "**<u>A Bíblia do Investimento em Criptomoeda</u>**".

Para vocês que ainda estão conhecendo a blockchain, a ideia de investir em criptomoedas pode parecer atraente. Um aviso: investir em uma criptomoeda é entrar em um mercado altamente volátil e extremamente arriscado. Pesquise bem antes de investir em uma criptomoeda para ter certeza que ela é legítima, e não invista mais dinheiro do você está disposto a perder. Blockchain e criptomoedas ainda estão em seus primeiros dias, e qualquer coisa pode acontecer a qualquer momento.

O Que Você Vai Aprender Neste Livro

Ao invés de falar sobre investimento, este livro irá focar em como a tecnologia blockchain funciona, e como ela pode ser usada no futuro. Tópicos que você pode esperar ver neste livro incluem:

- Que problema a blockchain resolve?
- Como a tecnologia pode deixar nossas instituições mais rápidas e menos caras?
- Poderia essa tecnologia substituir nossas instituições (como governos, bancos, etc) completamente?
- Como a blockchain constrói confiança entre desconhecidos?
- Como a blockchain aumenta a segurança de transações e contratos?

- A blockchain pode ser usada fora do setor financeiro?
- O que é um bloco?
- O que é a cadeia e por que precisamos delas?
- Qual é a explicação técnica do que acontece na blockchain?
- O que é mineração e por que precisamos dela?
- Existem alternativas à mineração para criar uma blockchain?
- Qual é a história do Bitcoin?
- O Bitcoin tem problemas?
- O que é Ethereum, e o que é um contrato inteligente?
- Existem outras tecnologias blockchain que eu deveria conhecer?
- Como as empresas estão adotando a blockchain?
- Que problemas regulatórios poderiam atrasar a adoção da blockchain?

Ufa, essas são muitas questões. Se você está preparado para enfrentá-las, eu também estou. Vamos começar.

O Que A Blockchain Faz?

Antes de entrarmos nos detalhes técnicos da tecnologia blockchain, é importante entender os problemas que a blockchain resolve. Por que precisamos da blockchain blockchain, e o que ela faz que a nossa tecnologia atual não consegue fazer? Os primeiros usuários de Bitcoin e perceberam o que eles consideravam um defeito fundamental na forma como pensamos em transações, confiança e instituições sociais. As formas mais antigas de blockchain surgiram mais ou menos ao mesmo tempo que a crise financeira de 2007 nos Estados Unidos, quando várias pessoas perderam fé em instituições sociais que deveriam proteger os interesses do cidadão comum. É claro, as pessoas se desiludiram com o sistema bancário com o surgimento da crise, mas também perderam fé na capacidade do governo de regular mercados financeiros e de imprensa de investigar potenciais crises. Inclusive, tanto pesquisas da Gallup quanto o Barômetro de Confiância da Edelman (Edelman Trust Barometer) mostram uma constante diminuição da confiança da população nas instituições, governos, mídia, academia e instituições sem fins lucrativos na última década. Confiança em instituições está em seu ponto mais baixo da história americana, e problemas similares atingem a UE (Brexit, ascenção de Marine Le Pen, independência Catalã, crise do governo grego). A ideia fundamental por trás de instituições é criar confiança entre estrangeiros em uma sociedade. Nós temos leis e sistemas que tornam possível que milhões de pessoas que não se conhecem possam viver uma do lado da outra. Porém, os criadores da blockchain sentiram que essas instituições estavam falhando.

O Problema Com Instituições

Para ver porque os criadores da blockchain querem substituir as instituições, é muito útil pensar sobre porque chegamos ao ponto em que a confiança nelas está tão baixa. Que fraquezas elas têm, e como a blockchain poderia resolvê-las?

Lentas

A primeira e principal fraqueza é a velocidade. Instituições, por suas próprias naturezas, são lentas. Elas precisam de aprovações e várias rodadas de verificação para cada relação, contrato, transação. Mudanças de políticas a nível institucional são lentas. Podem levar meses ou anos para aprovar novas leis ou implementar novos procedimentos. Por exemplo, fazer seu imposto de renda leva horas de trabalho e dor de cabeça. Após isso, o governo precisa verificar as informações que você enviou antes de preparar sua restituição. Meses ou até anos depois, o governo pode escolher te auditar, caso em que você vai precisar de cópias de transações financeiras de anos atrás.
Outro exemplo é a demora de transações bancárias. Não existe motivo, tecnologicamente falando, para uma transferência bancária demorar mais do que alguns minutos. Porém, normalmente demoram alguns dias úteis para a transação ser feita devido à combinação de sistemas ultrapassados, procedimentos internos e regulação governamental que requerem que a transição seja analisada e processada. A tecnologia blockchain é governada por seus usuários e utiliza criptografia para manter a privacidade do usuário. Dependendo de como o sistema é projetado, ele pode ser incrivelmente rápido. Os novos contratos

inteligentes podem automaticamente calcular e desembolsar algo como uma declaração de imposto ou um holerite assim que certas condições sejam atendidas. Como são baseados em consenso, a comunidade pode coletivamente decidir implementar uma mudança no funcionamento do sistema, resolvendo problemas ao aparecerem.

Custosas

Instituições tradicionais também são caras. É fácil apontar os impostos como sendo um dos gastos das instituições, mas todas as taxas de transação e assinatura que você paga todo mês são outras formas de gastos institucionais. Por exemplo, bancos cobram taxas para processar transferências bancárias, converter moedas e até para gerenciar a sua conta. Agências de seguro cobram taxas administrativas que são embutidas nos prêmios do seguro. Várias lojas online cobram taxas do uso de cartão de crédito. Se você tem uma pequena empresa, você vai encontrar taxas em tudo, de marketing a processamento de pagamentos. Nós ficamos muito acostumados a essas pequenas taxas serem o preço de viver em sociedade, mas a blockchain espera desafiar crença. Contratos e transações da blockchain ocorrem em uma rede compartilhada. Os usuários na rede também contribuem para verificar as transações dos outros. Ao invés de uma autoridade central cobrar uma taxa para verificar sua transação, você verifica a transação na rede em troca do processamento da sua própria transação. Nem todas as tecnologias blockchain funcionam exatamente assim, mas a ideia é a mesma para a maioria. Participando da rede, você acaba com menos taxas do que você pagaria para uma instituição tradicional.

O cibercrime está em alta, e agora é comum ouvir sobre grandes instituições sendo hackeadas ou tendo vazamento de dados pessoais. Vulnerabilidade a ataques é uma razões da diminuição da confiança em instituições. Quando você centraliza dados, você está propenso a encontrar pessoas de má índole que buscam capitalizar com essas informações.

O hackeamento da Equifax de 2017 nos Estados Unidos é um dos principais exemplos. A Equifax coleta informação de crédito dos consumidores dos Estados Unidos, incluindo números de cartão de crédito, informação de seguridade social, nomes completos, endereços e históricos de pagamento. O vazamento de dados em setembro de 2017 afetou 143 milhões de consumidores, ressaltando os perigos de confiar segurança de dados a uma instituição de grande porte. As tecnologias blockchain usam múltiplas camadas de criptografia para proteger as informações dos usuários. Algumas tecnologias blockchain são mais seguras que outras, e cada tecnologia tem seu próprio método de assegurar a privacidade. Porém, como cada relação, contrato e transação é criptografada individualmente, mesmo se você conseguisse vazar um pedaço de informação pessoal, você não conseguiria acesso às informações de mais ninguém no processo.

Substituindo Instituições por Tecnologia

A maioria das pessoas concorda que nossas instituições tem falhas e não são soluções perfeitas. Mas elas com certeza resolvem problemas de confiança, e o fazem a centenas de anos. Inclusive, estamos provavelmente vivendo a era mais pacífica e mais confortável da história humana. A ideia por trás da blockchain é substituir instituições por tecnologias que possam fazer melhor esse trabalho e empoderar indivíduos. Se você pudesse criar uma forma para que desconhecidos confiassem uns nos outros sem precisar de um banco ou governo como intermediário, você enfrentaria um dos maiores gargalos da sociedade. Mas para fazer isso, você precisaria de um sistema poderoso para criar consenso entre desconhecidos, e os criadores da blockchain acreditam que o poder se encontra na descentralização. Basicamente todas as aplicações da blockchain (e outras tecnologias criptográficas) são baseadas no conceito de descentralização. Ao invés de uma autoridade rígida, lenta e centralizada fazendo as decisões e governando relações, a blockchain busca retornar o poder de regulação aos indivíduos. Ao invés de confiar em uma instituição de grande porte, a blockchain cria confiança através do consenso.

Um Novo Paradigma Tecnológico

A fundação de todas as tecnologias blockchain e criptográficas é a rede ponto-a-ponto (ou *peer-to-peer*, P2P). Tradicionalmente, quando pensamos em confiança, pensamos em instituições como intermediárias. Neste momento, se eu quisesse te enviar $100, precisaríamos usar um banco para transferir:
1. Primeiro, eu submeteria a transação ao banco;
2. Em seguida, meu banco pegaria uma taxa percentual para processar a transação;
3. Meu banco verificaria que eu tenho $100 na minha conta;
4. Meu banco perguntaria para o seu banco se sua conta é válida e está aberta para depósitos;

5. Meu banco atualizaria seu livro-razão de contas para subtrair $100 da minha conta; e
6. Seu banco atualizaria seu livro-razão para adicionar $100 a sua conta.

Uma rede ponto-a-ponto não precisa de um intermediário. Ao invés disso, ela usa um livro-razão (*ledger*) distribuído para processar suas transações. Todo computador que faça parte da rede mantém uma cópia do livro-razão, e transações são adicionadas ao livro-razão sistematicamente. É incrivelmente difícil mudar o livro-razão após ele ser escrito, pois isso requereria modificar a cópia do livro-razão em milhares de computadores ao longo da rede ponto-a-ponto. Aqui está como funcionaria a mesma transferência de $100 em uma rede ponto-a-ponto com livro-razão distribuído:
1. Primeiro, eu submeto a requisição de transferência à rede;
2. Em seguida, os computadores mais próximos à rede verificam que eu tenho dinheiro o suficiente em minha conta e que a sua conta de recebimento é válida;
3. Assim que eles verificam a transação, eles difundem a transação a todos os computadores próximos a eles na rede; e
4. Por sua vez, esses computadores verificam novamente a transação e a passam adiante, levando a um efeito cascata até que a transação seja adicionada a todos os livros-razão da rede.

Como os computadores em uma rede ponto-a-ponto são tanto usuários como verificadores, transações blockchain têm o potencial para serem gratuitas. O efeito cascata de verificar transações significa que uma transação pode ser processada em minutos ou horas, ao invés de dias.

Baseado nesses benefícios por si só, a blockchain é frequentemente vista como o fim da instituições. Imagine fazer transações rápidas e sem gasto para qualquer pessoa no mundo. Não é difícil ver as vantagens potenciais, mas a blockchain apresenta oportunidades para mudanças sociais ainda maiores.

Construir Confiança

A natureza ponto-a-ponto da blockchain constrói confiança sem instituições. Como todo mundo que usa a rede tem uma cópia do livro-razão, a blockchain promete uma nova era de transparência em contabilidade. Eu posso facilmente ver se você me enviou $100 e a transação foi verificada. Assim que você faz, eu sei que você não vai poder rescindir a transação ou cancelar a cobrança, porque ela foi verificada pela rede. Novos avanços na blockchain também significam que eu posso criar um contrato entre nós que só será pago assim que certas condições sejam atingidas, permitindo que façamos negócios sabendo que o contrato está financiado e será pago somente se o trabalho for completo.

Aumentar A Conexão

Um dos maiores benefícios potenciais da tecnologia blockchain é o aumento da conexão global. Quando você pode facilmente enviar dinheiro para qualquer um no mundo, fronteiras nacionais e regionais começam a desaparecer. Fica mais fácil confiar em desconhecidos, onde quer que você esteja no mundo. Da mesma forma que a internet conectou o mundo, a blockchain agora promete criar confiança entre pessoas no mundo. Mas redes ponto-a-ponto protegidas por blockchain não servem somente para transações financeiras. A blockchain pode ser usada para criar contratos entre desconhecidos, permitir que cidadãos votem anonimamente e acabar com fraudes eleitorais e conectar dispositivos inteligentes que mantêm os cidadãos seguros. É até possível que a blockchain seja usada para referendos públicos diária ou semanalmente para novas leis, em que você poderia votar do seu computador pessoal. Uma verdadeira democracia popular mudaria permanentemente a forma como o governo funciona, dando o controle de leis e políticas à população.

AUMENTAR A PRODUTIVIDADE

Um benefício secundário da blockchain é o aumento da produtividade. Atualmente, as instituições são um atraso para a economia, pois governos cobram impostos para manter a burocracia e bancos cobram taxas para transferir e manter dinheiro. Uma economia e sociedade baseadas na blockchain tem o potencial de ser significativamente mais eficiente. Como efeito colateral, o mesmo nível de confiança social poderia ser mantido com uma diminuição significativa da quantidade de trabalho necessária

SEGURANÇA & PRIVACIDADE

Então, a blockchain tem o potencial de verificar relações, contratos e transações mais eficientemente que instituições de grande porte. Mas a eficiência é inútil se o sistema também não for altamente seguro. Embora a tecnologia ponto-a-ponto exista desde a criação da internet, essas redes não eram seguras da forma que esperamos que instituições financeiras e governos sejam. Um banco tradicional protege a privacidade limitando o acesso à informação para apenas as partes envolvidas. Livros-razão bancários são documentos internos, e quando você abre seu histórico de transações, você só pode ver as transações em que você estiver envolvido. Esse papel de terceiro confiável, mantendo um livro-razão não público, é o papel principal de um banco. Tornar o livro-razão público é o fundamento da segurança da blockchain, mas um livro-razão público significa que a privacidade está comprometida. Esse era um dos problemas fundamentais para transações ponto-a-ponto antes de 2008. Ninguém conseguia descobrir como garantir privacidade usando um livro-razão aberto ao público. Os benefícios de um livro-razão público eram enormes para velocidade, custo e confiabilidade. Porém, os consumidores provavelmente não adotariam um sistema que permitira que suas transações fossem rastreadas.

CRIPTOGRAFIA

A primeira camada de segurança e proteção de privacidade na blockchain é a criptografia. A informação sobre transações é armazenada em um mesmo amontoado. Isso inclui ID de transação, tempo, quantia, endereço do destinatário e endereço do remetente. A informação da transação é então passada por uma função de criptografia *hash* antes de ser adicionada ao livro-razão. Quando a informação da transação é criptografada, ela fica dessa forma (exemplo de uma transação de Bitcoin de 20 de outubro de 2017):

aba128d3931e54ce63a69d8c2c1c705ea9f39ca950df136 55d92db662515eacf

Uma função criptográfica *hash* encurta e padroniza o número de caracteres em uma descrição de transação, significando que mais transações podem ser enviadas pela rede a qualquer momento. Somente olhando para uma lista de transação, é impossível saber qualquer coisa sobre o destinatário, o remetente e a quantia. Porém, como os padrões de encriptação do Bitcoin são disponíveis publicamente, ainda é possível decriptar a transação e descobrir mais detalhes, incluindo a chave pública do destinatário e do remetente e a quantia enviada.

Novos competidores da Bitcoin usam diferentes tipos de criptografia para ofuscar ainda mais as informações da transação, tornando impossível descobrir qualquer coisa sobre a transação após ela ser adicionada ao livro-razão.

Discutiremos encriptação e *hashing* em maior profundidade em um futuro capítulo.

LIVRO-RAZÃO DISTRIBUÍDO = DIFÍCIL DE MODIFICAR

O livro-razão distribuído, um dos maiores desafios para a privacidade, é também a chave da segurança da blockchain. Um livro-razão tradicional mantido por um banco é protegido por várias camadas de segurança para impedir modificações não autorizadas. Porém, se um invasor consegue ter acesso ao livro-razão, ele poderia fazer mudanças instantaneamente. Livros-razão de um só dono também são sujeitos a transações fraudulentas. Se um ladrão de identidade ou vendedor malicioso enviasse ao banco uma requisição de transação em seu nome, é possível que a transação fosse aprovada sem seu conhecimento. Havendo somente um dono do livro-razão significa que os bancos devem gastar bastante energia e dinheiro mediando reclamações e agindo em casos de fraude. O livro-razão distribuído muda esses problemas. Como existem milhares de cópias independentes nos computadores individuais da rede, assim que a transação for adicionada ao livro-razão, é quase impossível mudar isso (discutiremos as razões técnicas disso em um capítulo mais a frente).

ANONIMATO & CHAVES PRIVADAS

Como a tecnologia blockchain usa um livro-razão distribuído, todo mundo tem uma cópia de todas as transações que ocorrem na rede. O livro-razão precisa ser público para funcionar. Porém, sem as devidas medidas de segurança, qualquer um no mundo pode ver o que você comprou e de quem. Implementações da blockchain resolvem esse problema de segurança de formas diferentes, mas a maioria depende de um sistema que desconecta suas informações pessoais de sua conta. Por exemplo, carteiras Bitcoins são anônimas, e você pode ter mais do que uma. A única coisa necessária para acessar sua conta é uma chave privada que só você conhece. Embora qualquer um possa ver o endereço da sua carteira privada, eles não saberão nada sobre quem é o dono da carteira. No artigo original do Bitcoin, é sugerido que você crie uma nova carteira para cada transação que você faça na rede Bitcoin para manter o anonimato. Outras criptomoedas, como a Monera, esperam aumentar o nível de privacidade para transações blockchain. Monera usa endereços *stealth* (discretos), separa IDs de usuários de montantes de transação e ofusca rastros de transação para garantir a privacidade (veja o capítulo sobre a Monero para maiores informações). O resultado é uma criptomoeda totalmente não-rastreável que ainda é sustentada por um livro-razão distribuído e público.

IMAGINANDO UM FUTURO BLOCKCHAIN

Até agora, abordamos os básicos de porque a blockchain foi inventada, o que ela faz, e uma visão geral dos métodos usados pela blockchain. Estamos apenas na superfície, porém, e entraremos nos detalhes técnicos das implementações da blockchain no próximo capítulo. Primeiro, porém, vamos dar uma olhada nos potenciais usos da tecnologia blockchain. É importante entender que a tecnologia blockchain é muito maior do que apenas Bitcoin. Mesmo se o Bitcoin morrer amanhã, a tecnologia blockchain ainda será viável em muitas indústrias. Com novos desenvolvimentos em conexão ponto-a-ponto, programação blockchain e novas formas de criptografia, a tendência por confiança distribuída continuará, devido aos óbvios benefícios em termos de rapidez, custo e segurança. Embora possa não ser o Bitcoin ou o Ethereum que movam o futuro da blockchain, você pode ter certeza que as tecnologias por trás da blockchain serão implementadas durantes as próximas décadas. O efeito geral será a existência de contratos eficientes, transações mais rápidas e menores custos para operadores. A blockchain também tem o potencial de mudar a forma como fazemos compras, viajamos, elegemos líderes, trabalhamos e vivemos.

FINANÇAS

As aplicações financeiras da blockchain recebem a maior atenção da mídia e são normalmente as primeiras plataformas baseadas na blockchain que os consumidores ouvem falar. Muito provavelmente a primeira vez que você ouviu falar "blockchain" foi em uma discussão sobre Bitcoin. Isso tem dois motivos. Primeiro, a blockchain usa livros-razão, e estes são mais presentes no mundo financeiro. A tecnologia é perfeita para aplicações financeiras. Segundo, a primeira aplicação bem sucedida da blockchain, o Bitcoin, foi projetada desde o início para ser uma moeda. Um futuro financeiro baseado na blockchain tem uma aparência radicalmente diferente da do sistema bancário atual. O uso de dinheiro vivo já está em queda, e é muito provável que os países ocidentais façam a transição para sistemas bancários totalmente eletrônicos no futuro próximo. No futuro blockchain, todas as transações poderiam ser pagas de sua carteira de criptomoedas. A existência de tecnologias novas e altamente ampliáveis significa que a sua transação poderia ser processada e verificada em segundos. Vendedores não teriam de pagar pelo processamento de pagamentos, e comprar algo provavelmente seria tão simples quanto autorizar a transação usando seu celular ou outro dispositivo conectado. Embora um futuro sem dinheiro em espécie pareça provável, não está claro quem irá controlar a moeda digital. Se moedas descentralizadas como o Bitcoin ou grandes bancos irão ganhar no fim é algo ainda incerto. Os bancos já estão considerando formas de inserir a tecnologia blockchain em suas práticas atuais em uma tentativa de manter o papel de intermediário confiável em transações financeiras. A regulação de mercados financeiros também mudará. Governos coletam impostos e combatem lavagem de dinheiro, e ambas práticas ficam mais fáceis e mais difíceis usando blockchain. Como o livro-razão é público, rastrear transações é significantemente mais fácil, mas com transações anônimas e contas-fantasma, é possível que fique mais difícil haver regulação financeira governamental. Essa é

uma das razões de porque grandes bancos podem
continuar a controlar mercados financeiros, mesmo
após implementar as melhores práticas da blockchain.

CONTRATOS

Pagamentos são um dos exemplos de um
contrato baseado em blockchain, mas já existem várias
aplicações desenvolvidas na blockchain. Esses contratos
usam a natureza distribuída da blockchain para criar
confiança sem precisar de uma instituição, e eles não
podem ser quebrados ou barrados por entidades
externas. O Ethereum é a blockchain onde a maioria
desses aplicativos estão sendo desenvolvidos, e é a
segunda blockchain mais valiosa no mundo, depois do
Bitcoin. O Ethereum permite que desenvolvedores
trabalhem em cima de sua blockchain, e os
desenvolvedores podem criar programas no Ethereum
como eles fariam com qualquer outra linguagem de
programação. Isso significa que o Ethereum
disponibiliza jogos online, redes sociais e provedores de
serviço da mesma forma que a internet. A única
diferença é que esses programas são descentralizados.
Após serem criados, eles durarão o quanto a blockchain
do Ethereum durar. Como usuários ao redor do mundo
sustentam a blockchain do Ethereum, o governo não
pode derrubar o serviço, e nenhum usuário pode
deletar ou alterar os conteúdos do serviço. A melhor
parte contratos inteligentes é que eles são ilimitados.
Qualquer coisa que você puder programar em um
computador pode ser programada na blockchain. No
futuro, isso provavelmente incluirá inteligência artificial
e outras formas de aprendizado de máquina, tornando a
IA prontamente disponível para qualquer um que faça
parte da rede ponto-a-ponto da blockchain.

A tecnologia blockchain não se limita a finanças. Nos últimos anos, emergiram tecnologias que permitem que desenvolvedores criem programas baseados em uma blockchain. Isso significa que aquele código está vinculado à blockchain e mantido pela rede ponto-a-ponto. Um grande exemplo de como isso poderia funcionar é em votações. Atualmente, dependemos de comissões eleitorais, instituições centralizadas, para administrar eleições e contar votos. Esses sistemas não são perfeitos. Eles requerem que você vá ao local de votação em pessoa em determinado dia, tenha seus dados pessoais verificados, e que vá até uma cabine fazer seu voto em uma urna. Cada um desses passos introduz um problema aos votantes. Se eu não posso ir ao local de votação no dia em questão, eu não posso votar. Se eu não tiver minha identificação comigo, eu não posso votar. Se eu fizer meu voto incorretamente, meu voto não será contado, e em alguns casos, falhas técnicas ou problemas de contagem significam que votos serão excluídos. Ao fim do dia de eleição, eu tenho que confiar que os funcionários da eleição no país todo não vão cometer fraudes e vão contar os votos de forma justa. Em alguns países, onde um ditador está no poder ou as instituições não são fortes, as eleições podem ser aparelhadas sem que os votantes possam fazer algo. Os desenvolvedores da blockchain esperam resolver esses problemas com um contrato de votação inteligente através de um livro-razão distribuído na blockchain. A ideia é simples: criar uma rede ponto-a-ponto onde indivíduos possam submeter seus votos sem precisar confiar nas comissões de eleição ou estar presente em pessoa. Porém, a implementação é difícil. Como você verifica a identidade? Como você impede que pessoas votem mais de uma vez? Se o livro-razão está na blockchain, como você mantém os votos anônimos? Será necessário uma criptografia inteligente antes que tenhamos votações baseadas na blockchain, mas as implicações são enormes. Assim que votar se tornar tão fácil quando entrar em seu celular ou computador e dar seu voto, a democracia direta e referendos públicos frequentes se tornam mais possíveis. Decisões de políticas poderiam ser feitas pelas massas. Inclusive, você poderia votar em referendos na sua cidade múltiplas vezes por dia.

Embora precisará de mais trabalho para ter certeza de que os especialistas estão escrevendo e revisando as políticas em que o público vota, não é um exagero pensar que a governança poderia ficar mais ágil e responsiva graças à blockchain.

CROWDFUNDING & ICOS

Um exemplo de serviço que está usando contratos inteligentes é o *crowdfunding* (financiamento coletivo). Estamos acostumados a pensar em campanhas do Kickstarter, e a ideia é bem simples. Pessoas contribuem para uma boa ideia. Quando a ideia atinge seu objetivo de financiamento, os criadores da ideia são pagos para produzir a ideia. Se eles não atingem o objetivo, os apoiadores originais recebem o dinheiro de volta.

Na blockchain, toda a arrecadação de fundos, cálculo e financiamento/retorno do dinheiro é automatizada e tornada imutável em um contrato inteligente. Sendo um aplicativo descentralizado na blockchain, não há mais o Kickstarter como intermediário. Ao invés disso, o contrato inteligente decide quando uma ideia será financiada, e os criadores não pagam quaisquer taxas pelo serviço. Recentemente, o financiamento coletivo via blockchain cresceu em popularidade para financiar novas ideias de startup, ameaçando o modelo tradicional de capital semente, capital de risco e investidores institucionais. Fundadores de startups agora oferecem um tipo de veículo público de investimento, conhecido como *oferta inicial de moedas* (*initial coin offering – ICO*), onde qualquer um pode investir em uma ideia em troca de uma participação no crescimento da empresa. Embora ICOs tenham ficado incrivelmente populares, e muitas se tornaram muito bem-sucedidas, elas também são amplamente não regulamentadas, tornando-as investimentos de alto risco e sujeitas a práticas questionáveis de investimento, como manipulação de preços por *pump and dump*.

Outro exemplo de contrato inteligente em potencial é o seguro de carros. Com a maior presença de pequenos sensores e dispositivos em nossos carros, não estamos longe de uma época em que o seu carro possa sentir quando você sofre um acidente e enviar essa informação a um aplicativo descentralizado na blockchain. Quando integrado com inteligência artificial, visão computacional e sensores inteligentes em seu carro, o aplicativo da blockchain pode decidir se você foi o culpado e pagar os créditos do seguro em segundos, contanto que você tenha pago os prêmios todo mês. Agora, não há mais empresa de seguros para cobrar taxas, e o aplicativo de seguro da blockchain não tenta lucrar com isso, então seus prêmios mensais são somente o que eles precisam ser.

O livro-razão distribuído da blockchain também pode armazenar informação sobre identidade.

Ao invés de depender de instituições centralizadas para fazerem documentos de identidade, carteiras de motorista, passaportes, certificados, diplomas e contas, a blockchain pode facilitar a existência de uma identidade única e universal. A segurança de blockchain significaria que suas transações permanecem anônimas por padrão. Porém, você poderia escolher compartilhar informações de identidade como parte do cumprimento de um contrato. Com o tempo, poderíamos padronizar uma identidade e cidadania global na blockchain para toda pessoa viva.

O mesmo gerenciamento de identidade pode ser aplicado a produtos, pacotes, máquinas e mais. Isso é chamado identidade das coisas (*IDoT – Identity of Things*), e tem enormes implicações para gerenciamento de cadeias de fornecimento, logística de entregas, infraestrutura e inúmeras outras interações diárias. Imagine encomendar óculos personalizados. Na fábrica, seus óculos receberão um identificador único, e você pode rastrear o ID da máquina que está atualmente trabalhando no seu ID dos óculos. Assim que foi enviada, você pode rastrear o ID do pacote, sabendo onde eles estão, o ID do caminhão onde eles estão e onde o caminhão atualmente está.

INTERNET DAS COISAS

Há bilhões de dispositivos no mundo coletando informações a cada segundo. Sensores de temperatura, câmeras e balanças estão todos rapidamente se integrando online. Essa é a internet das coisas (*IoT – Internet of Things*).

Semáforos agora usam uma combinação de sensores de peso e câmeras de tráfego, em conjunto com softwares de otimização, para diminuir o tráfego nos centros das cidades. Fazendeiros usam medidores de chuva e estações de monitoramento do solo para irrigar e fertilizar as culturas de forma precisa.

Todos esses bilhões de dispositivos precisam de uma forma de armazenar e compartilhar suas informações, e os livros-razão distribuídos são bem adequados a essas aplicações. Além disso, esses dispositivos poderiam aprender a compartilhar armazenamento, largura de banda e poder de processamento em uma microeconomia de uma forma nunca antes vista.

COMO FUNCIONA A BLOCKCHAIN?

Em termos simples, blockchain usa uma combinação de criptografia e um livro-razão público para criar confiança entre partes enquanto mantém privacidade.

Entender os mecanismos de como isso funciona é um pouco mais difícil, mas para apreciar completamente a genialidade da tecnologia blockchain, vamos precisar mergulhar nos detalhes técnicos.

Embora a blockchain possa incluir várias outras funcionalidades, os fundamentos da blockchain estão no nome da tecnologia:

- O bloco – Um bloco é uma lista de transações de um determinado período de tempo. Ele contém todas as informações processadas na rede nos últimos minutos.

- A cadeia – Cada bloco é dotado de data e hora, colocado em ordem cronológica e conectado ao bloco anterior usando algoritmos criptográficos. Esses algoritmos são difíceis para os computadores calcularem, e normalmente leva alguns minutos para os computadores mais rápidos o solucionarem. Assim que é solucionado, a cadeia criptográfica tranca o bloco no lugar, tornando difícil modificá-lo (abordaremos isso com mais profundidade logo mais).

A cadeia fica mais longa com o tempo. Assim que um novo bloco é criado, os computadores na rede trabalham juntos para verificar as transações no bloco e para reservar o lugar do bloco na cadeia.

Neste capítulo, vamos dar uma olhada no que está presente dentro de um bloco, e como ele é criado. Em seguida veremos a cadeia e examinaremos as diferentes formas com que as blockchains de hoje são protegidas. Tentaremos evitar códigos e explicações complicadas. A coisa importante aqui é ter um básico entendimento de como as partes da blockchain funcionam em conjunto.

LIVROS-RAZÃO DISTRIBUÍDOS

A parte mais fundamental da blockchain é o livro-razão (ou *ledger*). É onde a informação sobre as contas na rede é armazenada. O livro-razão dentro da blockchain é o que substitui o livro-razão em um banco ou outra instituição. Para uma criptomoeda, esse livro-razão normalmente consiste de números de contas, transações e saldos. Quando você submete uma transação na blockchain, você está adicionando informação ao livro-razão sobre de onde está vindo dinheiro e para onde está indo.

Como já vimos, um livro-razão blockchain é distribuído pela rede. Cada nó na rede mantém sua própria cópia do livro-razão e o atualiza quando alguém submete uma nova transação. Esse "livro-razão distribuído" é como a blockchain busca substituir bancos e outras instituições. Ao invés de ter um banco mantendo uma cópia oficial do livro-razão, faremos com que todos mantenham sua própria cópia do livro-razão e então verificaremos as transações por consenso.

Cada tecnologia blockchain tem seu próprio livro-razão, e os vários livros-razão funcionam de formas diferentes (como veremos). Porém, o livro-razão do Bitcoin, o primeiro livro-razão blockchain, precisa de três dados para armazenar uma transação:

- Uma entrada – Se a Amanda quer enviar um Bitcoin para o Bruno, ela precisa avisar à rede como ela conseguiu aquele Bitcoin para começo de conversa. Talvez a Amanda o tenha recebido ontem da Sara, então a primeira parte do livro-razão diz isso.
- Uma quantia – Isso é quanto a Amanda quer enviar para o Bruno.
- Uma saída – Isso é o endereço Bitcoin do Bruno, onde o Bitcoin deveria ser depositado.

Agora vem o conceito difícil de entender: Bitcoins não existem. Claro, não existem Bitcoins físicos. Você provavelmente já sabia disso. Porém, também não existem Bitcoins em algum lugar do seu computador.

Você não pode pegar um objeto físico, arquivo digital ou código e dizer "isso é um Bitcoin". Na verdade, toda a rede Bitcoin é apenas uma série de registros de transações. Toda transação na história do Bitcoin vive no livro-razão distribuído da blockchain do Bitcoin. Se você quer uma prova de que você tem 20 Bitcoins, a única forma de fazer isso é mostrando as transações de onde você recebeu esses 20 Bitcoins.

Quase todas as blockchains têm essa característica em comum. O histórico de transação é a moeda, não há diferença entre eles. Algumas criptomoedas novas estão mudando a forma como o livro-razão é escrito para aumentar o anonimato e privacidade nas transações. Elas usam algumas técnicas de mascaramento de dados para esconder o destinatário e o remetente da transação enquanto ainda mantêm um livro-razão distribuído funcional (abordaremos isso com mais profundidade nos capítulos sobre Dash, Zcash e Monero).

O Problema do "Duplo Gasto"

É claro, como não existe tal coisa como criptomoeda física ou até mesmo um arquivo digital que você possa usar, nós chegamos em alguns desafios técnicos ao implementar uma moeda digital. O maior desses problemas é o problema do duplo gasto, onde um fraudador poderia te enviar um token e então enviar o mesmo token para outra pessoa momentos depois. Duplo gasto significa que os tokens podem ser usados múltiplas vezes, aumentando a inflação e desvalorizando a criptomoeda.

Quando você envia uma transação na blockchain da Bitcoin, por exemplo, você está apenas encaminhando uma transação que você recebeu de outra pessoa. O problema do duplo gasto aparece quando um fraudador tenta enviar a transação duas vezes. Isso funciona da seguinte forma:

- ✓ O fraudador recebe um Bitcoin da Alice.
- ✓ A carteira dele está da seguinte forma: [Alice > 1 BTC > Fraudador] & [Bruno > 1 BTC > Fraudador].
- ✓ Ele então gasta dinheiro encaminhando uma transação anterior. Por exemplo, [Alice > Fraudador > Você].
- ✓ O problema do duplo gasto aparece quando o fraudador gasta a mesma moeda duas vezes ao mesmo tempo. Por exemplo: [Alice > Fraudador > Você, 1 BTC] & [Alice > Fraudador > Outra Pessoa, 1 BTC], um logo após o outro.

Quando você usa um banco, o banco percebe esse erro e invalida uma das transações. Porém, o Bitcoin não tem uma autoridade central. Ao invés disso, o Bitcoin usa criptografia para fazer com que a criação de falsas transações seja estatisticamente difícil.

Primeiramente, o fraudador não poderia realizar o duplo gasto no mesmo instante. Se ele enviasse duas transações conflitantes ao mesmo tempo, todo mundo na rede poderia ver ambas transações no mesmo bloco. A rede invalidaria um.

O fraudador poderia tentar fazer um depois do outro. Porém, a rede também rejeitaria uma transação que faz referência a uma moeda já gasta.

A única opção do fraudador é convencer uma parte da rede a aceitar uma de suas transações e convencer a outra parte a aceitar a outra transação. Isso divide a rede em dois fluxos, chamados "bifurcações" (*forks*). Múltiplas bifurcações da blockchain podem existir no Bitcoin.

Os criadores do Bitcoin resolveram esse desafio das bifurcações, e o problema do duplo gasto, fazendo a conexão entre blocos ser difícil de ser calculada. Como demora tanto tempo para criar e validar criptograficamente um novo bloco, é improvável que dois blocos sejam criados ao mesmo tempo. Mesmo que dois blocos sejam criados simultaneamente, o protocolo Bitcoin direciona os participantes na rede a seguir a cadeia mais longa. Assim que um novo bloco é criado, a rede reverte para uma versão única do livro-razão.

Como várias bifurcações são teoricamente possíveis, é uma boa ideia esperar que múltiplos blocos passem antes de considerar uma transação como "confirmada". Assim que é confirmada, porém, a transação é imutável. É quase impossível criar uma blockchain fraudulenta rápido o suficiente para substituir a blockchain honesta. Vamos ver como isso funciona.

CRIANDO UM BLOCO

O livro-razão distribuído é o núcleo de um bloco, mas não é a única coisa que faz parte de um bloco recém-criado. Há um cabeçalho (*header*) e um rodapé (*footer*) para cada bloco. Além disso, as transações incluídas nos blocos são passadas por um processo que comprime, codifica e padroniza elas. Quando um verificador cria um novo bloco, ele parece completamente diferente do livro-razão do qual ele foi baseado. Porém, o livro-razão subjacente ainda está ali e pode ser verificado no futuro quando novas transações requirirem informação sobre os blocos anteriores. Nem todo computador na rede blockchain trabalhará na criação e encriptação de blocos. Essas tarefas são geralmente deixadas para um grupo específico de verificadores que escolheram revisar, validar e certificar as transações em um bloco. Veremos essas métodos de validação nas seções sobre "prova de trabalho" e "prova de participação". Antes de chegarem no ponto de certificar os conteúdos do bloco, eles devem criar o bloco. Independente da blockchain, a criação de blocos geralmente segue um procedimento similar:

✓ Adicionar novas transações.
✓ Compilar e encurtar o livro-razão.
✓ Carimbá-lo com data e hora e ID do bloco.

Vamos ver como isso tudo funciona.

ADICIONANDO TRANSAÇÕES

O primeiro passo da criação de um bloco é coletar e adicionar todas as transações atuais ao livro-razão do bloco. Quando um usuário cria uma nova transação, ele transmite essa transação para toda a rede. Como um verificador, o trabalho do seu computador é revisar a transação para conferir que ela é válida. Como moedas blockchain não são nada mais do que uma série de transações, seu primeiro passo para verificar a transações é ver de onde o remetente diz que ele obteve os fundos originalmente. Os verificadores mantém um histórico completo de toda a blockchain, até o primeiríssimo bloco. Eles mantêm um registro de toda transação que já ocorreu na rede.

Sendo um verificador, você revisa o histórico da blockchain para encontrar o bloco e a transação de onde o remetente recebeu os fundos. Se essa transação for confirmada na blockchain, então a transação é válida e você precisará confirmar o endereço do destinatário. Se a transação de entrada não existe ou já foi gasta, então a transação atual é inválida, e não será incluída no livro-razão. Sendo o verificador, é o seu trabalho incluir e verificar o máximo possível de transações feitas nos últimos minutos. Por exemplo, na blockchain do Bitcoin, um novo bloco é criado a cada dez minutos, em média. Com cada novo bloco, a blockchain do Bitcoin adiciona 1.500 a 2.000 novas transações. Isso são mais de 200.000 transações por dia, e cada uma deve ser verificada.

Verificadores são considerados operadores de "nós completos". Um nó é um ponto na rede ponto-a-ponto. O verificador tem um nó completo porque seu nó apresenta o histórico completo da blockchain e verifica requisições de transação na rede.

COMPILANDO O LIVRO-RAZÃO

Assim que as transações do bloco forem todas verificadas, é hora de criar o livro-razão. Como um exemplo simples, você começa listando as transações uma logo após a outra:

```
[Endereço de Entrada][Endereço do
Destinatário][Quantia][Endereço de Saída],
[Endereço de Entrada][Endereço do
Destinatário][Quantia][Endereço de Saída],
[Endereço de Entrada][Endereço do
Destinatário][Quantia][Endereço de Saída],
[Endereço de Entrada][Endereço do
Destinatário][Quantia][Endereço de Saída], ...
```

Então você aplicará uma técnica criptográfica chamada *hashing* a cada uma das transações. Basicamente, o *hashing* consiste em pegar uma cadeia de caracteres e gerar outra cadeia de caracteres. Então, quando você coloca a entrada, quantia e endereço de saída para um algoritmo de *hashing* ele transformará a transação em uma cadeia de caracteres única àquela transação, como essa:

```
aba128d3931e54ce63a69d8c2c1c705ea9f39ca950d
f13655d92db662515eacf
- Este é um hash de transação real da
blockchain do Bitcoin.
```

Nós vimos esse exemplo anteriormente na seção "criptografia & segurança" do primeiro capítulo. Mas agora vamos examinar o que o *hashing* faz:

- Ele padroniza – Você poderia ter transações de diferentes tamanhos e complexidades e todos eles seriam transformados em uma cadeia de 64 caracteres. Seja uma palavra ou um parágrafo inteiro, qualquer texto poderia ser padronizado em um *hash* de 64 caracteres.

- É único – Da forma que o algoritmo funciona, mudar até mesmo um caractere do texto original te dá uma saída completamente diferente.
- É determinístico – Contanto que você insira uma entrada exatamente igual, você sempre terá a mesma saída.
- Só funciona em uma direção – Isso é chamado resistência à pré-imagem. A saída de um *hash* é diretamente ligada à entrada, mas seria incrivelmente difícil seguir a direção oposta e descobrir a entrada usando somente a saída.

Aqui está um exemplo do *hashing* em ação para ilustrar esses conceitos:

Entrada	Saída
Hello	185f8db32271fe25f561a6fc938b2e264306ec304eda518007d1764826381969
Hello.	2d8bd7d9bb5f85ba643f0110d50cb506a1fe4339e769a22503193ea6046bb87f7
hello	2cf24dba5fb0a30e26e83b2ac5b9e29e1b161e5c1fa7425e73043362938b9824

Você pode ver que mesmo a menor das modificações na entrada leva a uma saída completamente diferente (única), e independente do tamanho do texto de entrada, você vai sempre receber (nesta função *hashing*) 64 caracteres como texto de saída (padronizado). Não é aleatório porque você vai sempre receber o mesmo *hashing* usando "Hello" (determinístico), mas se eu te desse a saída, seria bem difícil seguir a direção oposta para encontrar a entrada (resistência de pré-imagem).

Então, nós usamos *hashing* para padronizar os dados enquanto asseguramos que eles não serão adulterados. Se alguém tentasse modificar a transação na blockchain, eles teriam que refazer o *hash* daquela transação, e ele ficaria totalmente diferente. Ficaria óbvio se ele fosse adulterado.

Para tornar isso ainda mais difícil, e reduzir a memória necessária para armazenar o livro-razão de transações, a maioria dos blockchains fazem o *hash* mais de uma vez. Isso significa que eles pegam o *hash* de uma transação, combinam ele com o *hash* de outra, e os juntos em um novo *hash*. A combinação de transações dessa forma é conhecida como Árvore Merkle, e o *hash* raiz de todas as transações é incluído no início do bloco. Entender por que precisamos de uma Árvore Merkle é um assunto para um livro mais aprofundado, mas basicamente a Árvore Merkle mostra que todas as transações no bloco são válidas usando menos memória a longo prazo.

Data e Hora & ID de Bloco

O elemento final em um bloco é a data e hora e qualquer informação de identificação do bloco. Isso torna bem fácil encontrar blocos anteriores mais antigos. Transações futuras também poderão apontar para esse ID de bloco como o bloco que contém a transação de entrada (também conhecida como *coinbase*) para a transação atual.

Conectando Blocos

O último passo na criação do bloco é conectá-lo aos blocos anteriores da cadeia. Existem algumas formas de fazer isso, mas quase todas elas envolvem *hashing* de uma forma ou de outra para tornar os conteúdos do bloco antigo parte do novo bloco. Lembre-se que o *hashing* precisa de uma entrada, seja ela grande ou pequena, e a transforma em uma cadeia de caracteres. Se você mudar a entrada, por menor que seja a mudança, a saída muda completamente. Para incluir os conteúdos do bloco anterior no novo bloco, podemos pegar o *hash* do bloco anterior inteiro e adicioná-lo ao início do próximo bloco. Fazer isso significa que efetivamente conectamentos o bloco velho ao bloco novo, porque se algo mudar no bloco anterior, mesmo uma pequena mudança, o *hash* inteiro do bloco mudará completamente. Agora, assim que o bloco está completo, fica MUITO mais difícil de mudá-lo. Editar um bloco antigo significa que você teria que refazer o *hash* do bloco inteiro. Depois de fazer isso com o bloco 1, você teria que abrir o bloco 2, remover o *hash* antigo do bloco 1, inserir o novo *hash* do bloco 1, e refazer o *hash* do bloco 2. Mas novos blocos estão sendo criados toda hora, então para mudar uma transação antiga, você teria que editar todo bloco após o daquela transação. *Hashing* é parte da essência da segurança da blockchain. A criptografia torna o livro-razão de transações difícil de modificar, o que significa que o livro-razão pode ser público e seguro ao mesmo tempo. Porém, o *hashing* em si mesmo não é tão difícil. A maioria dos computadores poderia facilmente refazer o *hash* de uma blockchain em alguns segundos. Então, para garantir que a segurança do *hashing* seja efetiva, precisamos introduzir um nível de dificuldade na criação de um novo bloco. Idealmente, isso seria algo que atrasasse um fraudador e tornasse mais provável que os membros honestos de uma rede prevalecessem. Na blockchain do Bitcoin (e na maioria das outras blockchains modernas), essa dificuldade adicional é chamada "prova de trabalho".

Prova de Trabalho

Para atrasar os fraudadores e garantir a segurança da blockchain, é preciso haver mais verificadores honestos do que fraudadores desonestos. Em outras palavras, como a blockchain é baseada em consenso, precisamos de um sistema onde as pessoas sejam recompensadas por serem honestas e punidas por criarem transações falsas. Nós também precisamos desacelerar a criação de blocos para que toda a rede tenha a chance de verificar transações e certificar novos blocos antes que o próximo bloco seja criado.

A solução mais adotada a para esse problema é a prova de trabalho. De forma simples, a prova de trabalho de um sistema envolve dar a todos os computadores da rede um problema bem difícil. Os computadores que escolhem competir para resolver esse problema são chamados de mineradores. Após cada minerador compilar o bloco atual, eles vão começar o processo de resolver o complicado quebra-cabeça daquele aquele bloco. O primeiro computador na rede a resolver o quebra-cabeça recebe o prêmio, e o bloco que aquele computador compilou é aceito por toda rede como o novo bloco na cadeia.

O prêmio para resolver o quebra-cabeça é chamado "prêmio do bloco" e é um incentivo para novos mineradores participarem da rede e tentarem trabalhar no novo bloco. Atualmente (12/02/2018), o prêmio por bloco é de 12,5 BTC ou $ 108.000 USD. Se o seu computador resolve o quebra-cabeça, você consegue esse prêmio. Como é de se esperar, existem agora dezenas de milhares de mineradores na rede do Bitcoin, todos lutando para resolver o quebra-cabeça e obter a recompensa. O resultado é que a rede do Bitcoin tem uma extensiva verificação independente. Se você quisesse tentar mudar a blockchain do Bitcoin, você precisaria de mais poder de processamento do que dezenas de milhares de mineradores juntos.

Então, o que é esse quebra-cabeça que está na essência da segurança do Bitcoin?

MINERAÇÃO

A característica fundamental do quebra-cabeça é que você não consegue encontrar a resposta sem chutar e checar repetidamente uma possível resposta. Resolver o quebra-cabeça e ganhar o prêmio do bloco não requer quaisquer habilidades ou hardwares especiais. Só leva tempo. Inclusive, seu computador pessoal ou celular poderiam resolver o quebra-cabeça tendo tempo suficiente.

Como o quebra-cabeça requer uso de força bruta até você conseguir encontrar a resposta certa e ganhar o prêmio, as pessoas que participam na resolução desses quebra-cabeças baseados na blockchain são chamados mineradores.

Mineração no Bitcoin ou qualquer outra criptomoeda que usa prova de trabalho envolve adicionar mais uma peça ao bloco antes que ele esteja completo. Essa pequena peça adicional é chamada *nonce*, e é essencial para sistema de prova de trabalho. O *nonce* é a resposta ao quebra-cabeça. Ele também é completamente insignificante por si só. Lembre-se que discutimos *hashing* e a forma que o *hashing* transforma toda a informação de um bloco em uma única cadeia de carateres. Por exemplo, o *hash* de um bloco pode parecer isso aqui:

f358f1293d6ed3a3b029af24bd0818c531e8e31caf6
d062577b4f6876e53d650

O quebra-cabeça por trás da prova de trabalho consiste em usar o *nonce* para manipular o *hash* do bloco. Me acompanhe com cuidado, por que isso pode ficar confuso, mas logo mais teremos um exemplo para esclarecer as coisas. Se adicionássemos uma letra ou número para o bloco acima, teríamos um *hash* totalmente diferente, como esse:

eb5c7f52857a294c3f5925b1d66cbf9dd4760ca1f7e
047453636c661fc093e8e

Então, o quebra-cabeça por trás da prova de trabalho é fazer com que o *hash* do bloco comece com um zero [0...]. Eventualmente, se continuarmos adicionando caracteres aleatórios ao fim do bloco, conseguiremos um *hash* que comece com zero. Assim que o fizermos, resolvemos o problema. Aqueles coisas aleatórias que colocamos no fim do bloco? Esse é o *nonce*.

Entrada	Saída
Hello	eb5c7f52857a294c3f5925b1d66cbf9dd4760ca1f7e047453636c661fc093e8e
Hello**0**	80878c5b013ba72c0d2b7e8f65868649cbdb1e7e7a8c8a07537d6b3619e4e32f
Hello**1**	948edbe7ede5aa7423476ae29dcd7d61e7711a071aea0d83698377effa896525
Hello**2**	be98c2510e417405647facb89399582fc49

	9c3de4452b3014857f92e6baad9a9
Hello3	0945f30798c28800c64afeb4bd218873f a7a2ad2e97ee68db067b2eb63cb0e9c

Aqui está um exemplo. Digamos que estamos tentando resolver uma prova de trabalho para a palavra "Hello". Mas desta vez, ao invés de aceitar qualquer caracter, assumamos que o *nonce* tenha de ser o menor número possível. Para encontrar a solução, eu precisaria contar a partir do zero até que eu obtesse a resposta vencedora. Ficaria dessa forma:

Nesse exemplo, o meu *hash* de saída começou com um zero quando o *nonce* era "3". Não precisamos tentar muitos *nonces* para chegar à resposta correta! Isso foi bem fácil. Mas seria bem mais difícil ser você me falasse para encontrar um *nonce* que gerasse um *hash* com dois zeros iniciais [00...], e eu não gostaria de encontrar o *nonce* para três zeros iniciais [000...] a mão.

A atual dificuldade do Bitcoin é de 18 zeros iniciais [000000000000000000... - é um pouco mais complicado do que o número de zeros iniciais, como veremos no próximo capítulo, mas esse é um bom jeito de visualizar e entender a dificuldade de mineração]. Os computadores mais rápidos do mundo levam em torno de dez minutos para encontrar o *nonce* certo para o prêmio de mineração do Bitcoin. É difícil explicar o quão difícil é o problema que os mineradores de Bitcoin estão resolvendo. Exploraremos mais essa dificuldade no próximo capítulo sobre *hashing*.

A grande recompensa da mineração faz valer a pena dedicar todo esse poder computacional para um problema tão difícil para alguns mineradores com máquinas altamente eficientes. Para fraudadores, o alto nível de dificuldade torna bem difícil submeter um bloco maligno à rede, e quase impossível de modificar um bloco existente. Para fazer isso, você precisaria calcular o novo *nonce* para o bloco que você gostaria de mudar e cada bloco seguinte. E você precisaria poder fazer isso com mais poder computacional do que os mineradores honestos na rede para que a sua nova cadeia de blocos crescesse mais rápido e eventualmente ultrapassasse a cadeia honesta.

(Se você quiser aprender mais sobre mineração e o potencial de se envolver com mineração de criptomoedas, confira o meu Guia Completo para a Mineração de Criptomoedas - Ultimate Guide to Cryptocurrency Mining).

CONSENSO

Quando um minerador resolve o quebra-cabeça, o computador divulga sua resposta na rede. Nós completos e outros mineradores na rede revisam o histórico do livro-razão e conferem a resposta do minerador para ter certeza de que ela inclui transações válidas.

Se ela as contém, então esse é o bloco válido mais recente, e os outros mineradores começarão a trabalhar em um novo quebra-cabeça baseado nos resultados do bloco completo. Se o bloco recém-criado é invalido, os nós na rede se recusarão a aceitá-lo. Ninguém irá começar a trabalhar em um novo bloco partindo de um bloco invalido, então ele se tornará órfão.

Os mineradores na rede são programados para trabalhar somente na mais longa cadeia válida. Dessa forma, com o tempo o poder de processamento da rede converge em uma única cadeia válida e evita as cadeias inválidas.

O Problema dos 51%

Para implementar uma fraude e criar uma cadeia inválida, você precisaria ter mais poder de processamento que os mineradores honestos na blockchain. Isso é chamado de "problema dos 51%". Se, de alguma forma, um fraudador conseguisse obter 51% do poder de mineração na blockchain, ele poderia possivelmente criar transações fraudulentas.

Nas maiores blockchains de hoje, uma fraude de 51% é altamente improvável. Moedas já estabelecidas e valiosas têm dezenas de milhares de mineradores com incríveis quantidades de poder de processamento. Para obter 51% do poder de processamento na rede de mineração da Bitcoin ou Ethereum, você precisaria investir milhões de dólares em hardware.

As moedas de blockchains mais novas e menos estabelecidas podem ter menos poder de processamento, mas também são menos valiosas. Uma fraude de 51% nessas moedas mais vulneráveis seria menos lucrativo. Sem contar que fraudar a moeda muito provavelmente diminuiria seu valor de troca.

Custos

A prova de trabalho tem efetividade muito bem demonstrada, mas também tem seus problemas. O maior deles é o consumo de energia. Como centenas de milhares de computadores estão trabalhando no mesmo problema, a mineração da prova de trabalho consome muita eletricidade. Atuais estimativas acreditam que a mineração da prova de trabalho poderia usar tanta eletricidade quanto todo o país da Dinamarca em 2020.

O problema com o consumo de energia é multiplicado quando você considera que pagamos nossas contas de eletricidade com moedas sem lastro (como dólares, euros, libras, ienes). Isso significa que a revolução das criptomoedas está paradoxalmente criando uma enorme demanda pelas moedas que ela está tentando substituir.

Prova de Participação

Uma pequena parcela de moedas menos conhecidas estão liderando o movimento de desuso da prova de trabalho em prol de um outro meio de verificação conhecido como "prova de participação" (*proof of stake*). Seus sucessos iniciais e interesse por parte dos desenvolvedores de explorar opções que usassem menos energia levou a segunda maior criptomoeda do mundo, a Ethereum, a seriamente considerar mudar da prova de trabalho para a prova de participação.

A diferença entre os dois sistemas é enorme. A prova de trabalho envolve milhares de computadores competindo para resolver um quebra-cabeça. Na prova de participação, o criador de um novo bloco é baseado na porcentagem de moedas que pertencem a ele em relação à quantidade total. Por exemplo, se eu detenho 1% de todas a moedas Ethereum do mundo, eu tenho 1% de chance de ser escolhido para criar o próximo bloco.

Quando for a sua vez, você junta todas as transações e compila as peças do bloco. Então você conecta ele ao bloco anterior. Embora não tenha um "prêmio de bloco" na prova de participação, você recebe quaisquer taxas de transação pagas pelas transações naquele bloco. Após você submeter o bloco à rede para aprovação, outra pessoa será escolhida para compor o novo bloco. Você não poderá criar o bloco novamente por um certo período de tempo.

Se você decidir incluir transações falsas ou alterar as transações no bloco que você está compilando, você corre um risco enorme. Se a rede descobrir, você perderá todas as suas moedas. Dessa forma, você recebe uma pequena recompensa por ser honesto, e corre o risco de perder tudo se for desonesto.

ECONOMIA DE ENERGIA

Como somente um computador por vez precisa trabalhar para construir o bloco, as economias de energia são enormes. Lembre-se que com a prova de trabalho, milhares de computadores estão competindo no mesmo problema, mas apenas um deles ganha. Isso significa que todos os outros não-vencedores desperdiçaram a energia que eles gastaram no problema. A prova de participação, por outro lado, tem o potencial de ter custo-benefício milhares de vezes maior em comparação à prova de trabalho.

A prova de participação ainda requer que os outros computadores na rede verifiquem as transações e revisem o trabalho do atual compilador do bloco, mas esses computadores não precisam usar a capacidade máxima de seus processadores (como na prova de trabalho) para poderem fazer isso

O FUTURO

A prova de participação ainda é uma tecnologia pequena, e não ainda foi adotada por nenhuma das maiores criptomoedas. Porém, isso está para mudar em

2018, quando a Ethereum planeja implementar uma mudança da prova de trabalho para a prova de participação. A mudança da Ethereum será a primeira adoção em larga escala do novo protocolo de prova de participação. Muito provavelmente, a mudança envolverá uma "bifurcação dura". Isso significa que uma versão antiga da blockchain da Ethereum continuará a existir com prova de trabalho, mas a nova moeda seguirá o novo caminho e competirá com seu irmão mais velho. Se a Ethereum implementar a prova de participação com sucesso, ela seria a primeira de muitas moedas a fazer a mudança.

Outros Mecanismos de Consenso

Existem vários outros mecanismos de consenso, incluindo prova de atividade, prova de queima, prova de capacidade, métodos bizantinos baseados em tolerância de falha, entre outros. Cada um desses compõe uma pequena parcela de projetos blockchain e são muito detalhados para explorar com profundidade neste livro. Como um iniciante em blockchain, você deve conhecer prova de trabalho e prova de participação, mas também saber que existem outros métodos de consenso que estão ganhando força enquanto a prova de trabalho chega a seus limites.

Funções Hash Criptográficas: Um Mergulho Profundo em Como Funciona o Hashing da Blockchain

Este capítulo está presente a pedido dos comentários dos leitores. É um mergulho profundo no funcionamento do *hashing*. Isso vai ser bem técnico, e você não precisa ler essa seção para entender os básicos da blockchain. Sinta-se livre para pular para o próximo capítulo, "Bitcoin: a Mãe de Toda a Blockchain", caso esse capítulo seja muito técnico para você. Você ainda conseguirá entender o resto do livro sem ler este capítulo. Para as almas corajosas que querem se aprofundar no *hashing*, vamos começar.

O Que É Uma Função Hash Criptográfica?

Mineração de Bitcoin, e outros esquemas de prova de trabalho, utilizam funções *hash* criptográficas extensivamente. Então qualquer um que quiser entender profundamente a blockchain precisa aprender sobre *hashing* criptográfico.

Nós já sabemos que uma função *hash* criptográfica pega uma cadeia de caracteres, independente do tamanho, e a transforma em uma cadeia de caracteres de tamanho padrão (no exemplo que usaremos, a saída tem tamanho de 64 caracteres, mas existem funções de *hashing* com saídas mais longas e mais curtas).

Vimos anteriormente que uma função *hash* tem algumas propriedades fundamentais:

- É uma função unilateral, o que significa que:
    a) É fácil de usar para calcular o *hash* de uma entrada (talvez não a mão, como veremos, mas fácil para um computador).
    b) É inviável fazer o percurso inverso para encontrar uma entrada que produza um certo *hash* (isto é, resistência à pré-imagem).
- Uma pequena mudança em uma entrada muda seu valor *hash* dramaticamente.
- É determinística, então a mesma entrada sempre produz o mesmo *hash*.

Essas propriedades tornam o *hashing* uma solução ideal para todos os tipos de aplicações, não só para a blockchain. Você pode usar uma função *hash* para adicionar uma assinatura digital a um documento. Se você divulga o *hash* do documento na internet junto com um arquivo, qualquer um que baixar o arquivo pode ver facilmente se ele foi modificado ou adulterado simplesmente fazendo seu *hash* e o comparando com o que você divulgou.

Você também pode usar o *hash* de um arquivo ou documento como o ID único daquele documento. Para o algoritmo que veremos neste capítulo, SHA-256, Nunca houve uma ocasião em que duas entradas diferentes houvessem produzido a mesma saída (isso é conhecido como "colisão" em criptografia).

História do *Hashing*

SHA significa *Secure Hash Algorithm* (Algoritmo Seguro de *Hash*). Os algoritmos SHA de *hash* criptográfico são os mais usados e reconhecidos. Eles foram criados pela Agência de Segurança Nacional

(NSA) dos Estados Unidos, uma agência de inteligência que é responsável por inteligência de sinais, transmissão e intercepção de inteligência estrangeira e contrainteligência.

A NSA compartilhou os algoritmos SHA publicamente porque, mesmo sabendo como eles funcionam, você não pode subvertê-los ou desconstruí-los. O SHA agora é padronizado e mantido pelo *National Institute for Standards and Technology* (Instituto Nacional de Padrões e Tecnologia).

Existem outros algoritmos *hash* sendo usados em uma variedade de projetos. Este capítulo focará no SHA, especificamente o SHA-256, mas vale a pena saber que as blockchains podem usar e usam uma variedade de algoritmos *hash*. Eles cumprem objetivos similares, mas requerem hardwares diferentes para funcionar eficientemente, por isso a variação.

PANORAMA DE ALTO NÍVEL DO *HASHING* EM PROVA DE TRABALHO

Para nossos propósitos, algoritmos *hash* são úteis para mineração de prova de trabalho, como descrito acima. Mineradores compilam toda a informação do bloco. Então, eles acrescentam um *nonce* ao cabeçalho do bloco. Eles começam acrescentando zeros,

"00000000000"

E eles completam um *hash* SHA-256 do bloco. O resultado fica dessa forma:

“8fc49a37693b9427e0dfd4d09d03faf974fe82701a
2f1c1ee078924f87507166”

Lembre-se, a mineração no Bitcoin só é bem-sucedida quando você encontra um *hash* com 18 zeros iniciais. Esse é um *hash* incorreto, então precisaremos encontrar outro *nonce*. Devido às características de algoritmos de *hash*, tentar um *nonce* levemente diferente nos dará uma resposta completamente diferente.

Porém, o Bitcoin recompensa o minerador que encontrar o menor *nonce*, então vamos aumentar o *nonce* em um e tentar novamente:

Nonce: “0000000001”
Hash:
“d13b969ce6872745059bf8516211d49b904d0b5fcd
e9b11b8195235b7ee6ce38”

Ainda sem sorte. Vamos continuar tentando, iterando pelos *nonces* de 0 a 9.999.999.999. Alguma hora, podemos encontrar um que tenha um *hash* com 18 zeros iniciais:

“0000000000000000005ef2bdc34baac64d1f51e209
554202c83fad1f857619d1”

Se sim, parabéns! Acabamos de minerar nosso primeiro bloco do Bitcoin com sucesso. Vamos divulgar o bloco na rede. Todo mundo irá checar nosso bloco e nosso *nonce*, e se eles concordarem que o bloco é válido, vamos obter a recompensa do bloco. Inclusive, já incluímos uma transação em nosso bloco que nos envia 12,5 BTC recém-minerados. Assim que encontramos um bloco, todo mundo começa a minerar um novo bloco, e o processo começa de novo.

Porém, é altamente improvável que encontremos um *hash* correto. É provável que chegaremos ao *nonce* "9999999999" e nenhum de nossos *hashes* terão atingido o critério (18 zeros). O que podemos fazer?

Muito provavelmente passou um certo tempo desde que começamos a checar *nonces*. Podemos atualizar a data e hora em nosso bloco. Como até mesmo uma pequena mudança no bloco significa que o *hash* será completamente diferente, agora nós podemos ir de 0 a 9.999.999.999 novamente. Podemos também mudar a ordem das transações em nosso bloco, adicionar mais transações, ou modificar o endereço de destino para a recompensa de 12,5 BTC (a transação *coinbase*).

Todas essas pequenas mudanças introduzem mais 9.999.999.999 possíveis *nonces* que precisamos checar, até que encontremos um com 18 zeros iniciais. Isso pode parecer bastante, mas considere que os computadores de mineração mais rápidos do mundo podem calcular mais de 1 *terahashes* por segundo. Isso são 1.000.000.000.000 tentativas a cada segundo. Todos os computadores de mineração na rede do Bitcoin têm uma taxa combinada de mais de 22.000.000.000.000.000.000 *hashes* por segundo. Ainda assim, na dificuldade atual (18 zeros) todos esses computadores levam dez minutos, em média, para encontrar um *hash* correto.

É difícil mostrar o quão difícil é encontrar o *hash* correto. É ainda mais difícil do que tentar localizar um único grão de areia em todas as praias do mundo. Essa é a chave para a segurança da prova de trabalho. Sobrescrever a blockchain com uma cadeia fraudulenta requereria que você fizesse *hashes* mais rapidamente que os nós na cadeia honesta. Isso é extremamente improvável.

O *Hashing* É Aplicável Em Prova de Participação e Outros Mecanismos de Consenso?

Sim! Sistemas de prova de participação e vários outros mecanismos de consenso ainda dependem de *hashing*, embora os requerimentos de dificuldade e habilidade para modificar o *hash* de um certo bloco mudem consideravelmente. Esses mecanismos de consenso não dependem somente de *hashing* para proteger a blockchain como na prova de trabalho.

Dito isso, o *hashing* ainda conecta blocos e serve como uma assinatura de que o bloco não foi modificado. Também usamos *hashing* para criar novos endereços de carteiras e em vários outros locais em aplicações blockchain.

Uma Breve Palavra Sobre Dificuldade de Mineração em Prova de Trabalho

Eu venho definindo a dificuldade de mineração pelo número de zeros iniciais que um *hash* bem-sucedido deve ter, pois é um jeito fácil de visualizar e entender a dificuldade de mineração. A verdade é mais complicada e variável.

O Bitcoin ajusta a dificuldade de minerar um bloco novo baseando-se em quanto poder de *hashing* está atualmente em sua rede. Com mais mineradores participando, o Bitcoin ajusta a mineração para ser mais difícil. Esses ajustes não são feitos em termos de zeros iniciais. Ao invés disso, eles são atualizados seguindo uma fórmula. O *hash* do bloco deve ser menor que a dificuldade definida.

Na prática, isso significa que o *hash* pode precisar ser menor que 18 zeros E algo a mais, como isso:

```
Novo hash < 00000000000000000075
```

Você poderia teoricamente fazer o *hash* de um bloco que tem 18 zeros iniciais, mas ele ainda falharia em ser válido se os primeiros dígitos fossem maiores do que "75".

Portanto, os ajustes de dificuldade do Bitcoin são bem mais finamente ajustados do que simplesmente adicionar ou subtrair zeros do início do *hash*.

MINERANDO UM BLOCO DO BITCOIN A MÃO

Então, nós já vimos o quão difícil é encontrar um *nonce* e minerar um bloco. Mas o que exatamente o processador do computador está fazendo quando ele completa o *hash* SHA-256?

Essa é a parte onde as coisas ficam bem nerds bem rápido. Leitor, tome cuidado. Vamos ver um exemplo de um *hash* SHA-256 bem sucedido para ver exatamente como ele funciona. Basicamente, vamos minerar um bloco do Bitcoin a mão, agora mesmo, neste mesmo livro.

Abordagem de Alto-Nível à Mineração do Bitcoin

A mineração do Bitcoin recebe uma entrada de 160 caracteres (conhecida como "cabeçalho do bloco") e a transforma em uma saída de 64 caracteres (o *hash* do bloco). Como discutimos, na dificuldade atual, os primeiros 18 caracteres do *hash* de um bloco vão ser zero para o bloco ser minerado com sucesso.

Nós fazemos isso em duas rodadas de SHA-256, mas funcionalmente eles acontecem em três rodadas.

A Rodada 1.1 faz o *hash* dos primeiros 128 caracteres do cabeçalho. Esse é o limite do SHA-256.

A Rodada 1.2 faz o *hash* dos caracteres 129-160, seguidos por zeros que preenchem a mensagem e completam a segunda rodada.

A Rodada 2 combina as saídas das Rodadas 1.1 e 1.2 e refaz o *hash* delas para produzir o *hash* final. O resultado da Rodada 2 é o *hash* do bloco.

Prepare Seus Cabeçalhos

O primeiro passo para minerar um bloco é preparar o livro-razão de transações que entrarão no seu bloco.

Como mencionamos anteriormente, as transações são pareadas e transformadas em *hash* conjuntamente em rodadas de *hashing* conhecidas como Árvore Merkle. Não demonstraremos uma Árvore Merkle aqui, mas o resultado de uma Árvore Merkle é um *hash* Raiz Merkle único para todas as transações no bloco. Uma Raiz Merkle parece com isso:

"2E99F445C007A9158207CC30CEBAD2B3D26C45FDAB 2EBDF50D261335FC00D92C"

Assim que tivermos nossa Raiz Merkle, podemos preparar os elementos necessários ao cabeçalho:

- **A Versão:** o Bitcoin está atualmente na Versão 2
- **O *Hash* do Bloco Anterior:** "00000000000000000A2940884E0C3BC96510CAD11912A527E9D15DF42F0E1D67". Note os zeros iniciais que indicam que esse era um bloco anterior correto. Esse exemplo tem somente 17 zeros iniciais, porque estou usando um bloco de 2014 [bloco #334592] onde outra pessoa já havia feito os cálculos a mão. A mineração do Bitcoin ficou mais difícil desde então.
- **Raiz Merkle:** "2E99F445C007A9158207CC30CEBAD2B3D26C45FDAB2EBDF50D261335FC00D92C".
- **Data e Hora:** 16/12/2014 13:05:40.
- **Bits:** 404454260 (esse é o nível de dificuldade atual).
- ***Nonce:*** 3225483075 (esse é um *nonce* bem sucedido).

Agora que temos todas a peças necessárias, precisamos convertê-las a um formato padrão. O SHA-256 usa hexadecimal (base 16) para todos os números. Então, vamos converter dígitos base 10 a base 16, usando 0-9 E a-f para fazer 16 dígitos. Também vamos precisar converter a data e hora para tempo padrão Unix em segundos desde 1970-01-01 00:00, e então converter isso para hexadecimal também.

Quando estivermos prontos, teremos isso:

Versão	00000002
Hash anterior	00000000000000000A2940884E0C3BC96510CAD11912A527E9D15DF42F0E1D67

Raiz Merkle	2E99F445C007A9158207CC30CEBAD2B3D26C4 5FDAB2EBDF50D261335FC00D92C
Tempo	54907474
Bits	181B7B74
Nonce	C040F743

Conversão a *Little Endian*

O próximo passo é chamado conversão a *little endian*. Isso se trata de como os bytes individuais de dados estão ordenados quando os armazenamos e processamos. Não vou te entediar com os detalhes e argumentos do *little endian* vs *big endian*. É suficiente dizer que precisamos mudar a ordem dos números que estamos usando.

Para fazer isso, precisamos inverter a ordem dos bytes de dados. Na prática isso significa que vamos agrupar os números em pares e inverter a ordem dos pares.

```
"C0 40 F7 43" vira "43 F7 40 C0"
```

Após o *little endian*, nossos dados ficam assim:

Versão	02000000
Hash anterior	671D0E2FF45DD1E927A51219D1CA1065C93 B0C4E8840290A0000000000000000
Raiz Merkle	2CD900FC3513260DF5BD2EABFD456CD2B3 D2BACE30CC078215A907C045F4992E
Tempo	74749054
Bits	747B1B18
Nonce	43F740C0

Você pode voltar para a página anterior e comparar.

Concatenação & Preenchimento

Agora vamos combinar todos os nossos dados do bloco em uma única cadeia, dessa forma:

```
"02000000671D0E2FF45DD1E927A51219D1CA1065C9
3B0C4E8840290A000000000000002CD900FC35132
60DF5BD2EABFD456CD2B3D2BACE30CC078215A907C0
45F4992E74749054747B1B1843F740C0"
```

Esse é o cabeçalho de 160 caracteres do bloco.
Os primeiros 128 caracteres serão nossa mensagem para a rodada 1.1 do SHA-256:

```
"02000000671D0E2FF45DD1E927A51219D1CA1065C9
3B0C4E8840290A000000000000002CD900FC35132
60DF5BD2EABFD456CD2B3D2BACE30CC078215A907C0
"
```

Os caracteres restantes precisam de preenchimento para completar a rodada 1.2:

```
"45F4992E74749054747B1B1843F740C0...[preenc
himento]"
```

Então, vamos colocar um "8" para demarcar o fim da mensagem. E vamos colocar um "280" no fim da cadeia de caracteres para sinalizar que a mensagem que estamos inserindo tem tamanho de 640 bits (160 caracteres hex = 80 bytes = 640 bits; 640 escrito em hexadecimal é 280)...

"45F4992E74749054747B1B1843F740C0 8 ...
280"

Finalmente, vamos preencher o espaço que sobrou, até 128 caracteres, usando zeros.

"45F4992E74749054747B1B1843F740C08000000000
00000000000000000000000000000000000000000000
0000000000000000000000000000000000000000280
"

Essa é a mensagem para a rodada 1.2 do SHA-256.

Divisão em Partes

Agora, vamos dividir os dados para a rodada 1.1 em 16 partes para preparar para o *hashing*.

```
1.  02000000
2.  671D0E2F
3.  F45DD1E9
    ...
16. 15A907C0
```

Aqui é onde começa o processo de criação do *hash*. Agora vamos criar mais 48 partes, para um total de 64.

Criamos as partes 17-64 adicionando partes anteriores junto com bits misturados de partes anteriores. Especificamente, a fórmula é:

```
Hashes 17-64 = 16 anteriores + 7 anteriores
   + misturar(15 anteriores) + misturar(2
                anteriores)
```

Isso cria valores completamente novos para as partes 17-64.

Algoritmo de *Hash* Principal

Agora que temos 64 partes, estamos prontos para o algoritmo principal do *hash*. É complicado, mas me acompanhe.

Definindo W & A-H

Nossas 64 partes são a mensagem que passaremos pelo nosso algoritmo. No algoritmo, a mensagem é a variável "w". No nosso exemplo: w_1=02000000, w_2=671D0E24, etc...

O algoritmo também envolve as variáveis de A a H. Para nossa primeira roda, A-H são providenciados pela NSA, mas eles têm uma origem matemática, a porção fracionária dos primeiros 8 números primos:

```
A = sqrt(2) % 1
B = sqrt(3) % 1
C = sqrt(5) % 1
      ...
H = sqrt(19) % 1
```

Se o símbolo "%" não é familiar para você em uma fórmula, não se preocupe. Ele é chamado de módulo. Ele significa "me dê a sobra da divisão". Por exemplo, sqrt(2) = 1.41421356237 (sqrt = raiz quadrada). Sqrt(2) % 1 = 0.41421356237. Escrito em hexadecimal, isso é 6A09E667, esse é o valor que a NSA providenciou para A em nossa primeira rodada de SHA-256. Aqui estão A-H da NSA (ou da raiz quadrada dos primeiros 8 primos módulo 1):

```
A = 6A09E667
B = BB67AE85
C = 3C6EF372
D = A54FF53A
E = 510E527F
F = 9B05688C
G = 1F83D9AB
H = 5BE0CD19
```

Passo 1: Deslocar A-C & E-H

O passo 1 no algoritmo principal é deslocar 6 does valores de A-H. O antigo valor de A se torna o novo valor de B, dessa forma:

```
Velho A -> Novo B
Velho B -> Novo C
Velho C -> Novo D
(pule o antigo valor de D)
Velho E -> Novo F
Velho F -> Novo G
Velho G -> Novo H
(o antigo H não se torna o novo A)
```

Agora, temos novos valores para B-D e F-H.

Passo 2: Obter A & E

Ainda precisamos obter novos valores para A e E. Para isso, seguimos uma fórmula que realiza várias transformações não lineares nos dados. Essas fórmulas são também o primeiro lugar onde a mensagem, a variável "w", entra no algoritmo principal.

Vou compartilhar as fórmulas aqui, mas não vou entrar em detalhes sobre como elas funcionam, para eu não te entendiar demais.

$$\text{Novo A} =$$

- W1 (a primeira parte da mensagem, das 64 partes que criamos) +
- K0 (esta é uma constante da NSA e ela muda com cada iteração, do *hash* K0 até o K64) +
- Velho H
- Maj(velhoABC) (esta é uma função executada nos 1s e 0s binários que compõem A, B e C) +
- Escolher(velhoEFG) (outra função sobre os 1s e 0s, dessa vez em E, F e G) +
- Soma(A deslocando 2, 13, & 22)%2 (também mexe com o binário, deslocando os 1s e 0s 2, 13 e 22 posições e adicionando os resultados, então obtendo o módulo 2 da soma [basicamente checando se a soma é par ou ímpar]) +
- Soma(E desloca 6, 11, & 25)%2 (a mesma coisa, mas dessa vez com E e deslocamentos diferentes)

Ufa, isso foi cansativo. Some tudo isso (em hexadecimal, claro) e você tem o novo valor de A. Agora, vamos fazer um processo semelhante para E:

$$\text{New E} =$$

- W1 +
- K0 +
- velhoD +
- escolher(velhoEFG) +
- soma(E desloca 6, 11, 25) % 2

Com sorte, você conseguiu acompanhar as variáveis e fórmulas acima. Elas são similares às que eu descrevi para o novo A. Agora, temos o novo E.

Passo 3: Fazer aquilo mais 63 vezes

Nesse ponto, teremos completado 1/64 de uma rodada de SHA-256. Vamos precisar fazer esse processo todo mais 63 vezes para todos os valores de w_2 até w_{64}.

Passo 4: Adicionar o resultado final aos A-H da NSA

Quando terminarmos, vamos adicionar os novos A-H de w_{64} aos A-H originais da NSA. Esse é o passo 65, mas não é um *hashing*, apenas uma adição. O A-H resultante é nosso *hash* SHA-256 final:

```
Novo A = 09A0D191
Novo B = 92EF77C3
Novo C = 04FE4478
Novo D = 88F9EF50
Novo E = 69D64846
Novo F = 5A19146F
Novo G = B7706197
Novo H = 14D08904
```

(No meio de toda essa teoria e matemática, você esqueceu que estamos realmente minerando um bloco de Bitcoin aqui? Os valores acima são os valores reais de A-H após a Rodada 1.1 do bloco #334592 do Bitcoin)

Próximos Passos

Então, completamos a Rodada 1.1 do *hashing*, passando todas as 64 partes (w_1-w_{64}) pelo SHA-256 e obtendo o resultado final.

Mas espera. Não terminamos. Não fizemos a Rodada 1.2 ou a Rodada 2 de *hashing* ainda. Lembre-se que nossa mensagem original tinha mais de 128 caracteres, então ela não coube inteiramente na primeira rodada. Temos que continuar!

Para a rodada 1.2 do SHA-256, não usaremos os A-H da NSA, vamos somente continuar com as saídas A-H da rodada 1.1. De lá, o processo é exatamente o mesmo, incluindo as 64 partes, as fórmulas e adicionando os resultados aos A-H originais no passo 65.

```
Novo A = 3EBB2D68
Novo B = D7007148
Novo C = B184E57B
Novo D = BA9697D7
Novo E = 6BC04141
Novo F = 155C57F9
Novo G = 7E3B92C5
Novo H = FD6A46BD
```

(Os valores acima são os valores reais de A-H após a Rodada 1.2 do bloco #334592 do Bitcoin)

Agora estamos prontos para a Rodada 2. A saída da Rodada 1.2 (novos A-H) é agora nossa mensagem (w_1-w_8). Porém, a saída da 1.2 tem somente 64 caracteres, e precisamos inserir 128 caracteres na função *hash*, então usaremos um preenchimento novamente, adicionando um 8, vários zeros, e "100" no fim dessa vez, porque nossa mensagem tem tamanho de 256 bits (100 em hexadecimal).

Para a Rodada 2, a rodada final, vamos usar novamente as constantes da NSA para A-H. Após isso, os 64 passos de *hashing* e o 65º passo de adição são todos os mesmos de antes. No fim, obteremos nosso *hash* final:

```
Final A = FF277F1F
Final B = 11CD72EF
Final C = FE537F5E
Final D = 8A2690E0
Final E = 8D8C9116
Final F = 82D8A815
Final G = 00000000
Final H = 00000000
```

Junte tudo e converta do *little endian* para leitura da esquerda para direita:

```
000000000000000015A8D88216918C8DE090268A5E7
       F53FEEF72CD111F7F27FF
```

Em dezembro de 2014, esses 16 zeros inicias eram suficientes para satisfazer o nível de dificuldade. Esse foi um bloco minerado com sucesso!

Atualmente, como a dificuldade do Bitcoin aumentou, ele não seria. Se obtivéssemos esse *hash* final hoje, teríamos de começar novamente do início com um novo *nonce*.

BITCOIN: A MÃE DE TODA A BLOCKCHAIN

Lançado em 2009, o Bitcoin é a primeira e mais famosa tecnologia blockchain. Oito anos mais tarde, o Bitcoin ainda é a criptomoeda mais popular no mercado. Recentemente, o interesse no Bitcoin ficou mais *mainstream*, com até mesmo investidores de Wall Street considerando prover o mercado de futuros do Bitcoin com seguranças de investimento.

Embora a ascensão do Bitcoin tenha sido meteórica nos últimos anos, a moeda enfrentou vários desafios durante o percurso. Durantes os primeiros anos após sua criação, o Bitcoin foi ridicularizado na imprensa por tentar criar uma nova moeda global. Inicialmente, uma falha de segurança misteriosa fez com que milhões de dólares em Bitcoins desaparecessem. O Bitcoin superou esses primeiros obstáculos, mas ainda hoje enfrenta desafios.

Alguns de seus desafios atuais são técnicos. A rede original do Bitcoin não foi feita para aguentar a quantidade de transações que andam sendo feitas. A comunidade Bitcoin está repleta de debates sobre qual seria o melhor caminho para consertar seu problema de escalabilidade.

O outro desafio é a economia. Boa parte do atual valor do Bitcoin é devido a especulação. Você dificilmente encontraria mercados ou cafeterias que aceitem Bitcoin. A quantidade de empresas que aceitam Bitcoin está aumentando a cada ano, especialmente online, mas ainda é raro encontrar uma empresa que aceite Bitcoin. Embora tenha grande potencial se for aceito como uma moeda legítima, seu valor atual é baseado em seu potencial, não na realidade concreta. Como resultado, vários especialistas em finanças consideram o Bitcoin (e outras criptomoedas) uma bolha prestes a estourar.

Neste capítulo, daremos um breve panorama da história e crescimento do Bitcoin. Porém, notícias sobre o Bitcoin mudam diariamente, e este não é um livro sobre investimento. Se você está pensando em comprar Bitcoin, leia mais do que apenas este livro! Eu expliquei os básicos em meu livro anterior, *Domínio do Bitcoin para Iniciantes* (*Mastering Bitcoin for Starters*). A história e tecnologia são interessantíssimas, mas você precisa pesquisar mais para decidir se o Bitcoin vale ou não seu preço atual de US$8.600,00 por BTC (fevereiro de 2018).

A História do Bitcoin

O Bitcoin existe desde 2009, e nesse tempo ele foi rodeado de mistério, intriga, crescimento e desafios. Para uma tecnologia tão nova, o Bitcoin tem uma história complexa e muito interessante.

A História de Satoshi

O Bitcoin começou como um artigo *white paper* escrito por um autor misterioso, Satoshi Nakamoto. No artigo, Satoshi delineou os elementos básicos da tecnologia blockchain. Ele ou ela mostrou como usar o *hashing* para criar blocos e fazer a prova de trabalho funcionar, resolvendo o problema do duplo gasto. O artigo foi bem recebido por uma comunidade de criptografia relativamente pequena da época, mas havia um problema. Ninguém havia sequer ouvido falar de Satoshi Nakamoto, e ninguém conseguia encontrar qualquer coisa sobre essa pessoa misteriosa.

Satoshi continuou a interagir através de fóruns e e-mails, mas ninguém conseguiu descobrir quem era a pessoa real por trás do pseudônimo. Em 2009, Satoshi escreveu o código por trás do Bitcoin e lançou a rede ao mundo. Satoshi continuou a ser o desenvolvedor-chefe do Bitcoin até 2011, quando ele desapareceu de repente. Com o passar dos anos, várias pessoas alegaram ser Satoshi, mas nada de definitivo foi encontrado quanto ao inventor do Bitcoin.

É bem claro que Satoshi era brilhante. A invenção da blockchain resolveu um grande obstáculo criptográfico na criação de um livro-razão distribuído viável. Mesmo se o Bitcoin morresse amanhã, a tecnologia blockchain já está sendo usada em centenas de aplicações, não somente como moeda. Satoshi pode entrar para a história como um dos inventores mais importantes do século 21, e nós não sabemos nada sobre ele ou ela.

Satoshi transferiu o controle do desenvolvimento do Bitcoin para Gavin Andresen antes de desaparecer. Andresen se tornou o desenvolvedor-chefe na Fundação Bitcoin, a organização atualmente responsável pelo desenvolvimento do Bitcoin.

O Confisco da Silk Road

Com o crescimento do Bitcoin, suas carteiras anônimas o tornaram a ferramenta perfeita para conduzir transações legalmente questionáveis. Seus primeiros anos foram marcados por essa reputação como dinheiro de drogas e mercados negros, ou moeda de lavagem de dinheiro.

Em outubro de 2013, o FBI entrou na casa de Ross William Ulbricht por ser acusado de ser o fundador de um site da *darknet* conhecido como *Silk Road* (Rota da Seda, em inglês). A Silk Road se tornou conhecida como um lugar para comprar drogas ilegais online. Como parte do confisco, o FBI também obteve 26.000 Bitcoins, marcando uma das primeiras interações entre o governo dos EUA e a rede Bitcoin.

No geral, o incidente da Silk Road foi uma má propaganda para a rede Bitcoin, fortalecendo a ideia do Bitcoin ser uma moeda para atividades ilegais.

O MISTÉRIO DE MT. GOX

Um dos primeiros lugares de compra e venda de Bitcoins era Mt. Gox, uma empresa de Tóquio que era uma das maiores casas de câmbio no começo do Bitcoin. O CEO da Mt. Gox, Mark Karpeles, era CEO em nome somente e preferia muito mais programar do que lidar com os desafios diários de ser CEO.

Em 2014, Mt. Gox era a maior casa de troca de Bitcoin do mundo, lidando com 70% das transações de Bitcoin no mundo. Então, foi um choque para os consumidores quando a Mt. Gox declarou falência em 2014. Por anos, seu sistema foi hackeado. No total, 450 milhões de dólares em Bitcoins desapareceram das contas da Mt. Gox entre 2011 e 2014. Embora investigadores tenham conseguido encontrar 200.000 BTC envolvidos na invasão da Mt. Gox, mais de 650.000 BTC não foram recuperados.

Durante o período da invasão da Mt. Gox, o Bitcoin perdeu 36% do valor.

É importante notar que o problema não era com a tecnologia do Bitcoin, mas com os procedimentos de segurança da Mt. Gox. Embora o livro-razão público da Bitcoin signifique que essas moedas tenham sido "encontradas", não há uma forma clara de pegar essas moedas de seus atuais donos e retorná-las a seus donos originais.

Até hoje, a Mt. Gox continua sendo o maior escândalo da história do Bitcoin, e iniciou um período de grandes dúvidas quanto à viabilidade de criptomoedas.

CENTRALIZAÇÃO DA MINERAÇÃO

Uma preocupação mais recente na história do Bitcoin é a centralização da mineração. O algoritmo de prova de trabalho do Bitcoin foi escrito de tal forma que empresas de hardware desenvolveram processadores especificamente para Bitcoin para ganhar com as lucrativas recompensas de mineração. Com a explosão do preço do Bitcoin nos últimos anos, a acelerou-se corrida para fazer processadores mais rápidos e em maior quantidade.

A essa altura, a mineração de Bitcoin é uma operação profissional, com empresas de mineração investindo milhares de dólares em "fazendas" de hardware de mineração. Essas fazendas de centenas de computadores de mineração são frequentemente enormes, até enchendo armazéns inteiros com computadores.

Essa crescimento na mineração torna isso não lucrativo para pequenos mineradores competirem, centralizando o poder em alguns poucos mega-mineradores. Infelizmente isso significa que a rede que foi criada para ser descentralizada está paradoxalmente centralizada. Os mineradores poderiam decidir priorizar alguns tipos de transações ou bloquear certos usuários da rede Bitcoin.

Porém, não há evidência clara de que os mineradores de Bitcoin estejam abusando de seus poderes ainda. Principalmente por que algumas poucas mudanças no código do Bitcoin tornariam todo esse custoso hardware inútil. Por isso, há grande incentivo para ser honesto e manter a comunidade Bitcoin e a Fundação Bitcoin felizes.

O Problema de Escalabilidade do Bitcoin

Em 2017, o Bitcoin está mais popular do que nunca. A rápida valorização do Bitcoin no último ano aumentou o conhecimento do público sobre a moeda. Isso também encorajou bastante especulação, com investidores comprando e vendendo Bitcoin na esperança de obter lucro ou evitar um colapso.

Esse aumento do interesse no Bitcoin significou que a rede viu um incremento de 55% no volume de transações em 2017. Em um dia normal, a rede Bitcoin processa 310.000 transações. Porém, a rede não está acompanhando a demanda. A cada dia, dezenas de milhares de transações são postas em espera, no aguardo de serem alcançadas pela rede para serem confirmadas.

Essas transações estão em espera porque o Bitcoin tem um limite de tamanho de bloco. Apenas certa quantidade de transações cabem em um bloco, então qualquer uma que não couber tem que esperar. Essa espera para confirmação é o problema de escalabilidade do Bitcoin, e é um que deve ser resolvido antes que a moeda seja viável para ser usada cotidianamente.

Tempos de Espera e Taxa de Processamento

Os atuais tempos de espera podem ser de alguns minutos a várias horas para sua transação ser aprovada na blockchain. Isso é problemático porque ficamos acostumados a pagamentos e verificações instantâneas. Se eu tenho de esperar várias horas entre comprar algo e pagar, então transações urgentes se tornam impossíveis no Bitcoin.

Como resposta, empresas de mineração passaram a oferecer a priorização de transações que paguem uma taxa a eles. Se você quer que sua transação seja processada mais rapidamente, terá de pagar por isso. O Bitcoin foi originalmente projetado para ser livre e sem atrito. Ele também buscava não ter uma autoridade central. Quando mineradores cobram taxas por transações, isso fica muito similar a bancos cobrarem taxas de processamento, uma das coisas que o Bitcoin foi desenvolvido para não precisar.

TAMANHO RESTRITO DE BLOCO E SEGWIT2X

O tamanho de bloco do Bitcoin está atualmente limitado a 1 MB. Todas as transações e informações de confirmação devem ter menos de (ou próximo de) 1 MB para o bloco ser aceito.

O debate em torno de como aumentar a escalabilidade do Bitcoin se resume à quantidade de informação que pode ser colocada em um bloco. Uma solução é diminuir a quantidade de informação que você coloca em um bloco. No caso do Bitcoin, isso consiste em separar os dados de transação das assinaturas eletrônicas que autorizam a transação. Remover as assinaturas do bloco e processar elas separadamente significa que você pode colocar mais transações no bloco. Essas separação entre assinaturas e suas transações é chamada de testemunha segregada (*SegWit – Segregated Witness*), e essa tecnologia está atualmente presente na blockchain do Bitcoin. Alguns mineradores a usam, enquanto outros usam o método antigo. Se o SegWit realmente provar ser melhor, a ideia é que eventualmente 100% da rede use-o.

Existe outra forma de aumentar a quantidade de informação que você pode colocar em um bloco. Simplesmente aumentar o tamanho do bloco. Há um movimento para dobrar o tamanho do bloco do Bitcoin para 2 MB. Esse é o mais novo movimento no Bitcoin, chamado de 2x, e quando combinado com SegWit, pode significar um enorme aumento na habilidade do Bitcoin de processar transações. SegWit2x é uma enorme mudança na arquitetura do Bitcoin, e as implicações não são totalmente claras quanto como isso vai afetar o ecossistema como um todo.

Em novembro de 2017, a implementação do SegWit2x parou. Simplesmente não há um consenso forte o suficiente na comunidade Bitcoin quanto a tal mudança no código do Bitcoin. Embora esteja pausado por enquanto, o SegWit2x não está morto, e podemos vê-lo retornar no futuro conforme o Bitcoin continua a trabalhar em sua escalabilidade.

Conclusões Sobre o Bitcoin

O Bitcoin é a mãe de toda a blockchain, e ele continua a ser a criptomoeda predominante no mundo. É a mais bem estabelecida e mais forte das criptomoedas existentes. Porém, existem outros desafiantes na indústria da blockchain, e não é certeza que o Bitcoin será o ganhador no fim das contas. O Bitcoin precisa lidar com seus problemas de escalabilidade e aumentar a adoção se ele quiser manter sua dominação.

O Que É Ethereum e Por Que Ele É Importante?

O Ethereum é a segunda maior criptomoeda no mundo, após somente o Bitcoin. É também muito diferente do Bitcoin quanto a sua estrutura e propósito. O Ethereum não foi desenvolvido somente como moeda. Sua inovação consiste em abrir a blockchain para desenvolvimento para diferentes aplicações além de moedas e finanças. Desenvolvedores podem desenvolver softwares usando a blockchain do Ethereum, e usar o livro-razão distribuído da rede para criar confiança para diversos tipos de aplicativos. Como a blockchain da Ethereum é descentralizada, assim que um desenvolvedor lançar um aplicativo, ele não pode ser censurado ou removido por qualquer autoridade. Aquele aplicativo existe enquanto a blockchain do Ethereum existe.

Isso tem grandes implicações para acordos, contratos e transações condicionais. Eles podem ser programados, automatizados e firmados para que nenhuma parte possa violá-lo. Usar a blockchain para tais transações e contratos cria confiança porque a rede de pares verifica todas as informações e não permite alterações após serem definidos.

A Breve História do Ethereum

O *white paper* do Ethereum, publicado em 2013, descrevia um sistema onde a a blockchain poderia ser aberta a uma linguagem de *scripting* para o desenvolvimento de aplicativos. Vitalik Buterin, um dos fundadores e programador chefe do Ethereum, passou um bom tempo escrevendo sobre Bitcoin. Ele defendia a existência de um linguagem de *scripting* por cima da blockchain do Bitcoin, mas isso requereria reescrever o código do Bitcoin para ser compatível com linguagens de programação. Como isso se provou controverso, ele decidiu criar uma nova blockchain que permitisse a criação de aplicativos autônomos.

O projeto Ethereum de Buterin começou a ser desenvolvido 2014, financiado pela venda pública de ações (um *crowdsale*). Essencial, os desenvolvedores do Ethereum lançaram uma campanha de financiamento coletivo onde os apoiadores receberiam ações da empresa, na foma de tokens que fariam funcionar os aplicativos da Ethereum. Esses tokens eram chamados de Ether (ETH), e o *crowdsale* permitiu que os apoiadores comprassem Ether com Bitcoin.

Na época, a comunidade cripto-tecnológica estava interessada na ideia de aplicativos descentralizados, e o lançamento do Ethereum chamou bastante atenção. Porém, várias pessoas estavam compreensivelmente preocupadas com os riscos de segurança de criar uma plataforma onde os usuários poderiam programar seus próprios aplicativos. Outros céticos levantaram preocupações quanto à escalabilidade do Ethereum, pois ter vários aplicativos autônomos funcionando na blockchain requereria mais poder de processamento.

A Fundação Ethereum, baseada na Suíça, lançou o primeiro protótipo do Ethereum em maio de 2015 e desafiou os usuários a encontrar bugs e limitações no sistema. Em julho do mesmo ano, a Fundação lançou a primeira versão oficial do Ethereum para uso público, conhecida como *Frontier* (Fronteira).

O Ethereum desde então já lançou outras duas novas versões da plataforma, com a versão atual (novembro de 2017) sendo conhecida como Metropolis.

O HACK DAO

Uma das funcionalidades principais da blockchain do Ethereum é que aplicativos podem ser criados em cima da blockchain do Ethereum. Um dos projetos mais populares a serem criados na blockchain do Ethereum era a Organização Autônoma Descentralizada (*DAO – Decentralized Autonomous Organization*). O DAO era uma criptomoeda e projeto de financiamento de capital de risco.

A DAO rapidamente arrecadou por volta de US$150 milhões ao ser criada, em 2016. Porém, aplicativos criados na blockchain do Ethereum são somente tão seguras quanto seus próprios códigos. Em maio, cientistas da computação denunciaram vulnerabilidades no código, e pouco após a DAO anunciou que hackers roubaram mais de US$50 milhões da DAO. A DAO havia sido um dos *crowdsales* mais bem-sucedidos da história, e era visto como a porta-bandeira da descentralização e das promessas das criptomoedas. O hack da DAO, e o subsequente fim da DAO, chacoalharam essas noções.

Em resposta ao hack da DAO, a Fundação Ethereum propôs uma bifurcação dura para mover os fundos roubados de volta para seus donos originais. Essa nova bifurcação passou a agir pouco depois do hack da DAO e se tornou a nova versão oficial do Ethereum. Porém, alguns usuários, que se opuseram à ética e ao precedente de controlar o dinheiro centralmente e usar uma autoridade central para mudar transações, continuaram a defender que a blockchain antiga era a Ethereum verdadeira. Essa blockchain sem alterações após a DAO é chamada de *Ethereum Classic* (Ethereum Clássico).

CONTRATOS INTELIGENTES

A parte mais básica da plataforma descentralizada do Ethereum é o contrato inteligente. Esses são acordos que agem por si só baseado em diferentes variáveis. Implantar contratos inteligentes na blockchain tem algumas vantagens.

Primeiro, como as blockchains são descentralizadas, não há necessidade de pagar ou confiar sua transação a um intermediário. Segundo, os contratos inteligentes da blockchain são mais seguros, pois mudar os termos do contrato requereria escrever novos blocos mais rápido do que a rede consegue (quase impossível estatisticamente). Finalmente, os contratos inteligentes da blockchain podem agir mais rapidamente do que um intermediário.

A essência do contrato inteligente é que se todas as partes do contrato cumprirem suas partes do acordo, então o contrato será automaticamente executado. Se umas das partes não cumpre o contrato, então ele automaticamente retorna fundos, valor, informação, bens, etc, a seus donos originais. Essencialmente, contratos inteligentes funcionam como um serviço de garantia, obtendo os fundos e os segurando até que a outra parte do contrato cumpra sua parte do acordo.

ORGANIZAÇÕES AUTÔNOMAS DESCENTRALIZADAS

Embora a DAO (discutida acima) seja um exemplo de organização autônoma descentralizada, existem várias outras. Essencialmente, organizações autônomas usam uma série de contratos inteligentes para executar objetivos que são normalmente geridos por uma instituição. Por exemplo, DAOs podem ser usadas para votações, educação, seguro, saúde e venda de música. Elas podem enviar arquivos, gerir registros, coletar fundos, monitores pacientes e monitorar o progresso de projetos. Contratos inteligentes permitiriam que essas organizações agissem tão logo que, e somente se, certas condições fossem atingidas.

A vantagem das DAOs é que elas não têm favoritismo e operam seguindo regras e diretrizes transparentes. Elas também são baratas de operar, e as transações são gratuitas. Contratos inteligentes e DAOs são avanços animadores na tecnologia blockchain, porque ele poderiam substituir qualquer tipo de instituição, não apenas instituições financeiras.

ICOs do Ethereum e o Protocolo ERC-20

A explosão de aplicativos descentralizados (*dApps*), DAOs e outros programas na rede Ethereum significou que vários tipos de trocas de valores estavam acontecendo na Ethereum de uma vez. Embora alguns desses aplicativos usassem Ether como sua moeda de troca, outros queriam ter mais controle sobre o token usado nas transações em seus aplicativos/DAOs. Se tornou comum que cada aplicativo novo do Ethereum também desenvolvesse seu próprio token para usar no aplicativo.

O motivo do crescimento do número de tokens se deve ao conceito de oferta inicial de moeda (*ICO – Initial Coin Offering*). Quando alguém tem uma nova ideia, a pessoa precisa de financiamento para criar e implementar o aplicativo. Nos últimos anos, se tornou comum que novas ideias fossem financiadas pela venda de novos tokens em troca de Ethereum. Essas *crowdsales* permitem que qualquer um invista em uma ideia e obtenha uma parcela do valor dessa ideia. Se a ideia funcionar, o valor do token recém-criado aumentará e os investidores iniciais serão recompensados.

2017 foi o ano das ICOs. [De acordo com a Bloomberg](), as ICOs arrecadaram mais de US$1,6 bilhões só em 2017. A explosão das ICOs é o resultado da facilidade com que o Ethereum permite a criação de novas moedas. Com pouco mais do que uma ideia e um *white paper*, você pode estabelecer uma ICO baseada no Ethereum e arrecadar milhões de dólares, contornando os canais tradicionais de arrecadação de capital de risco ou capital semente de investidores institucionais.

Uma ICO funciona mais ou menos da mesma forma que uma campanha do Kickstarter. O apoiador contribui com moedas digitais (normalmente Ether) para o contrato inteligente da ICO. Se o projeto atinge seu objetivo de arrecadação, o contrato inteligente distribui os novos tokens aos apoiadores e deposita o Ether na conta do desenvolvedor para começar a criar a nova ideia. Se o projeto falha em atingir o objetivo, todos os apoiadores são reembolsados.

O Ethereum se tornou o lugar mais famoso para criar ICOs por alguns motivos. Primeiro, a blockchain já existe e você não precisa criar uma nova blockchain do zero. Segundo, o Ethereum tem uma enorme comunidade de mineração e a segunda maior capitalização de mercado (*market cap*) entre as criptomoedas, sendo uma forte fundação para um novo projeto. Finalmente, o Ethereum tem um conjunto de diretrizes claras para criar novos tokens chamada protocolo ERC-20.

O protocolo ERC-20 também significa que todos os tokens no Ethereum agora são trocáveis. Antes do ERC-20, cada desenvolvedor escrevia seus próprios parâmetros e funções. Trocar um token por outro frequentemente significava estudar o código e criar uma ponte entre dois tokens para a troca. Desde o ERC-20, porém, todos os argumentos e funções são padronizados, e novos tokens no Ethereum podem ser imediatamente trocados por qualquer token compatível com o ERC-20.

A Transição à Prova de Participação

Durante o último ano, a Fundação Ethereum andou indicando cada vez mais que ela tem a intenção que trocar a prova de trabalho do Ethereum pela prova de participação. Lembre-se, prova de trabalho é um sistema onde milhares de computadores mineradores competem para resolver um quebra-cabeça criptográfico. Na prova de participação, porém, todos esses mineradores somem. Ao invés disso, os usuários que detém Ethereum são os que verificam as transações na rede. Se eles as verificam corretamente, eles recebem uma recompensa. Se os verificam incorretamente, eles perdem todos os seus Ethers (sua participação).

Com a prova de participação, somente uma CPU é escolhida para ser o "verificador" por vez. Essa CPU é escolhida com base em quanto Ether é associado e ela. Alguém que detém 1% do Ether do mundo teria 1% de chance de ser escolhido o verificador (1% da rede Ethereum não é pouca coisa, isso valeria US$300 milhões do *market cap* de US$30 bilhões do Ethereum).

O verificador em uma prova de participação é ponderado por sua participação na rede, mas a seleção também é aleatória. Isso garante que um ataque coordenado não poderia criar múltiplos blocos falsificados seguidamente. Como o verificador corre o risco de perder todo o seu Ether, há um grande incentivo para ser honesto.

POR QUE MUDAR?

A prova de trabalho é um excelente sistema e com forte comprovação de garantir a segurança da blockchain, então por que deixá-lo? Existem dois fatores que estão levando o Ethereum a mudar para a prova de participação: o consumo de energia e a demanda por moedas sem lastro.

O Ethereum usa um algoritmo de *hashing* anti-ASIC, o que significa que não há armazéns de equipamento de mineração especializado funcionando dia e noite como com o Bitcoin. Porém, as pequenas operações de mineração do Ethereum ainda consomem quantidade significativas de energia. No fim, as tecnologias blockchain buscam ser onipresentes, sendo o motor de todas as partes da sociedade. É simplesmente inviável a longa prazo que a blockchain continue usando prova de trabalho, pois a demanda por eletricidade irá superar a capacidade mundial de produção de energia. Entusiastas da prova de participação também apontam que a mineração normalmente ocorre em países com baixo custo de eletricidade onde uma menor parte da rede é movida por fontes renováveis, contribuindo para o consumo de combustíveis fósseis e o aquecimento global.

O outro fator por trás da prova de participação é mais por interesse próprio. Como as contas de energia são pagas em moedas sem lastro, a mineração de criptomoedas está paradoxalmente favorecendo elas. A prova de trabalho reduz muito a energia necessária, o que significa que os verificadores não terão de vender seus Ethers para pagar suas contas de energia.

QUANDO ISSO VAI ACONTECER?

A pergunta de quando o Ethereum irá implementar a prova de participação ainda não tem uma resposta. Durante a maior parte do ano, Vitalik Buterin e a Fundação Ethereum responderam somente "logo".

O teste da prova de participação vem na forma do Casper, a reformulação do código base do Ethereum proposta por Buterin. No início, a prova de participação somente verificaria 1 bloco em 100 para testar a viabilidade da tecnologia. Com o tempo, o uso da prova de participação aumentaria até que atingisse 100%.

Em setembro de 2017, Buterin estava formalizando seus planos para o Casper em uma série de *white papers* para a comunidade examinar. O Casper começaria a funcionar pouco depois em 2018. Porém, considerando atrasos anteriores na transição à prova de participação, esse cronograma pode ser modificado.

Existem Outras Tecnologias Blockchain Para Ficar de Olho?

O Bitcoin e o Ethereum são as maiores e mais notáveis tecnologias blockchain, mas há centenas de outros projetos atualmente operantes ou em desenvolvimento. Esta parte resume alguns desses projetos e seus potenciais usos.

Bitcoin Cash

O Bitcoin Cash é uma ramificação da blockchain do Bitcoin que usa o mesmo código fonte, mas é uma moeda separada. Atualmente é a terceira criptomoeda mais valiosa em termos de *market cap*, atrás do Bitcoin e do Ethereum. O Bitcoin Cash se separou do Bitcoin quando membros da comunidade Bitcoin não chegaram em um acordo quanto a como lidar com o problema de escalabilidade do Bitcoin. O resultado foi um procedimento conhecido como "bifurcação dura", em que o Bitcoin Cash criou uma nova blockchain que compartilha o mesmo histórico de transação do Bitcoin até certo ponto. Nesse ponto, a bifurcação criou duas blockchains separadas que existem paralelamente. Usuários que detinham Bitcoin antes da separação detiveram uma quantidade idêntica de Bitcoin Cash após a bifurcação, mas as moedas não são as mesmas, nem são conectadas.

O que mudou na nova blockchain do Bitcoin Cash foi o limite do tamanho de bloco. O Bitcoin somente permite blocos de até 1 MB de tamanho. Isso significa que transações que não caibam dentro do limite de 1 MB são postas em espera. Com o crescimento da popularidade do Bitcoin, várias transações estão sendo postas em espera, e os usuários passaram a pagar taxas aos mineradores para terem suas transações incluídas no bloco. A bifurcação do Bitcoin Cash aumentou o tamanho do bloco para 8 MB, permitindo que a blockchain acomode muito mais transações e buscando resolver o problema de escalabilidade. Os fundadores do Bitcoin Cash e seus usuários estão se aproveitando da inabilidade da comunidade Bitcoin de chegar a um consenso quanto a escalabilidade, tornando o Bitcoin Cash uma opção atraente e eventualmente superando o Bitcoin.

LITECOIN

Litecoin é uma criptomoeda mais velha que foi lançada em 2011, pouco após o lançamento do Bitcoin em 2009. As diferenças entre o Litecoin e o Bitcoin são relativamente pequenas. Ambos dependem de um livro-razão distribuído e mineração de prova de trabalho. A diferença é o tempo necessário para criar um novo bloco em cada rede. No Bitcoin, leva por volta de 10 minutos para os mineradores criarem um novo bloco. Para o Litecoin, leva só uns 2 minutos.

A simples mudança nos tempos dos blocos tem alguns efeitos significativos. Por exemplo, como ele cria blocos mais frequentemente, o Litecoin pode processar mais transações que o Bitcoin. Inclusive, novas transações são adicionadas ao livro-razão e confirmadas mais rapidamente no Litecoin. Confirmações que têm 6 blocos de profundidade (possibilidade extremamente baixa de ser alterada ou duplo gasta por um fraudador) demorariam somente 12 minutos no Litecoin, enquanto as mesmas confirmações demorariam por volta de uma hora no Bitcoin. As confirmações mais rápidas tornam o Litecoin mais amigável a vendedores.

A criação frequente de blocos do Litecoin tem a desvantagem de tornar a blockchain do Litecoin muito maior que a do Bitcoin, precisando de mais armazenando para qualquer um que seja um nó. Porém, devido à frequência de criação de blocos e a alta oferta de moedas do Litecoin, transações na blockchain do Litecoin cobram taxas muito mais baixas que na do Bitcoin. Confirmações mais rápidas e taxas mais baixas tornam o Litecoin muito útil. Porém, ele não conseguiu superar o Bitcoin nos últimos 6 anos devido somente a melhorias tecnológicas, e existem vários moedas novas entrando na arena.

MOEDAS DE PRIVACIDADE: ZCASH & MONERO

A privacidade é uma preocupação crescente na comunidade de criptomoedas. Como a blockchain depende de um livro-razão público, qualquer um pode observar como as transações estão acontecendo e as quantidades sendo pagas. Embora as carteiras Bitcoin sejam tecnicamente anônimas, se você descobre o endereço público de alguém ou rastreia uma teia de transações para uma pessoa, você pode monitorar os gastos dessa pessoa. Isso causa vários tipos de preocupação quanto a rastreabilidade, mesmo se você não estiver envolvido em comportamentos questionáveis.

Privacidade e não-rastreabilidade promovem fungibilidade em uma moeda. Fungibilidade significa que a moeda tem valor por si só, independente do histórico de transação. O dinheiro em espécie é fungível porque quando você dá um dólar ao dono de uma loja, o dono não pergunta de onde você conseguiu o dólar. No Bitcoin, algumas moedas foram proibidas de circular porque elas foram envolvidas em atividades ilegais no passado. Com verdadeiras moedas de privacidade, você não tem moedas proibidas ou rejeitadas porque o histórico de transação da moeda é secreto.

MONERO

Os mecanismos pelos quais o Monero e o Zcash garantem a não-rastreabilidade são diferentes. O Monero usa duas tecnologias – transações confidencias em anel e endereços *stealth* (discretos) – para esconder o remetente, o destinatário e a quantidade da transação. Essencialmente, se a Alice quiser enviar Monero (XMR) para o Bruno, ela seleciona aleatoriamente outras carteiras de onde o dinheiro que ela está enviando a Bruno podem ter vindo. Usando criptografia complexa, essas carteiras começam a realizar transações formando um anel, de tal forma que quando o dinheiro finalmente vai para Bruno, não fica claro qual carteira no anel autorizou a transação. Com Monero, os fundos não vão diretamente para o Bruno, porém. Ao invés disso, eles são depositados em um "endereço *stealth*", que é essencialmente um armário vazio sem informações de identificação. O Bruno tem uma chave especial que o permite ver quais armários (endereços *stealth*) são destinados a ele, e quando ele quiser gastar os conteúdos de um desses armários, o processo começa novamente, com uma nova transação confidencial em anel.

Dessa forma, as informações de Alice e Bruno nunca chegam à blockchain. São somente endereços *stealth* realizando transações em anel a todo momento, tornando impossível rastrear o fluxo de fundos através do ruído e difícil identificar a quem pertence qual endereço *stealth*.

A tecnologia de não-rastreabilidade do Zcash funciona de forma um pouco diferente. Ela usa um sistema de testes criptográficos conhecido como prova de conhecimento zero. O propósito da prova de conhecimento zero é verificar a transação sem saber qualquer coisa sobre o que está acontecendo dentro da transação. O funcionamento dela envolve três componentes: uma chave gerada (G) que serve como teste, uma chave de prova (P) que mostra que o provador pode responder o teste e uma chave verificadora (V) para verificar a resposta do provador.

Quando Adão quiser enviar Zcash para a Bete, ele recebe uma chave gerada publicamente (G) do sistema. Adão então usa a informação sobre a transação (seu endereço, o endereço da Bete e a quantia da transação) mais sua chave provadora especial (P), e combina essa informação com G. O sistema então analisa a resposta dele usando V. Se a transação que Adão propôs é válida, então V será verdadeiro. Se a transação é inválida, V será falso. O sistema irá propôr alguns desses testes com diferentes chaves geradas (G). Embora Adão possa ter conseguido advinhar uma corretamente, devido à criptografia por trás da prova de conhecimento zero, ele não conseguirá responder de forma consistente a não ser que a transação seja válida.

Como os verificadores não precisam saber dos detalhes de uma transação para saber se é verdadeira, o livro-razão da blockchain do Zcash não precisa incluir informações identificáveis. Porém, esconder o remetente, o destinatário ou ambos no Zcash é opcional e não é habilitado por padrão.

O Monero e o Zcash são a vanguarda do movimento de privacidade para consertar esses problemas de rastreabilidade no Bitcoin. O Monero usa tecnologias criptográficas conhecidas como endereços *stealth* e transações confidenciais em anel para manter o remetente, destinatário e quantia das transações ocultos da blockchain pública. O Zcash, por outro lado, usa provas de conhecimento zero para permitir que mineradores verifiquem as transações sem ter de saber qualquer coisa sobre o que está dentro dessas transações. O crescente interesse em privacidade também levou o Ethereum a adotar provas de conhecimento zero para suas transações.

DASH

O Dash é baseado no software do Bitcoin, mas é projetado para resolver algumas das falhas inerentes à rede Bitcoin. O princípio que guia o Dash é a facilidade de uso, ajudando novos usuários a facilmente entrar no mundo das criptomoedas. O Dash faz algumas importantes mudanças na forma como o Bitcoin operava.

Em resumo, o Dash é outra moeda de privacidade com medidas implementadas para prevenir o problema de rastreabilidade do Bitcoin. O Dash atinge sua não-rastreabilidade usando uma das primeiras formas de ofuscação: mistura de moedas. A ideia é simples. Se todo mundo colocasse suas moedas em um pote, misturasse o pote, e então pegasse de novo a mesma quantidade de moedas que colocaram, eles teriam a mesma quantidade de dinheiro, mas seria incrivelmente difícil saber quem obteve o dinheiro de onde.

O desafio é que a mistura requer algum tipo de coordenador honesto que misture o pote de forma justa e redistribua as moedas corretamente. No Dash, quem coordena a rede é um grupo de usuários avançados conhecidos como nós-mestre. Embora o Dash ainda dependa de mineradores para fazer a prova de trabalho para a blockchain, o algoritmo do Dash compartilha parte da recompensa do bloco para cada bloco com os nós-mestre também. Esses nós-mestre auxiliam a mistura de moedas que ocorre a cada 10 blocos. Eles também facilitam transações que possam ser confirmadas instantaneamente. Com o Dash, você não precisa mais esperar que vários blocos sejam feitos até que sua transação seja confirmada. Ao invés disso, os nós-mestre protegem e monitoram as transações que você quiser enviar instantaneamente. O Dash chama isso de InstantX, e você pode habilitá-lo ou desabilitá-lo para suas transações Dash, por um preço.

O Dash também tem suporte a serviços que lhe permitem conectar um cartão de débito a sua carteira Bitcoin ou Dash. Esses cartões são pré-pagos, mas eles convertem de BTC para sua moeda local automaticamente e ao pedir, quando você quiser reencher seu cartão. Essencialmente permitindo que você mantenha sua poupança em Bitcoin e converta para a moeda local somente quando você precisar. Embora esse tipo de serviço esteja bem a frente de seu tempo, é possível que moedas baseadas na blockchain se tornem o lugar padrão para manter dinheiro no futuro.

As mudanças que o Dash fez à amigabilidade do Bitcoin: privacidade, pagamentos instantâneos e uma rede de duas camadas, tornam o Dash um forte concorrente ao Bitcoin. Enquanto escrevo, o Dash é a quinta criptomoeda mais valiosa no mundo, e sua adoção está crescendo.

HYPERLEDGER

O Hyperledger não é uma moeda, uma empresa, nem mesmo uma blockchain. É um projeto das mesmas pessoas por trás do sistema operacional Linux. A ideia é desenvolver aplicativos blockchain e criptográficos de código aberto (Open Source). O Hyperledger busca ser o centro de desenvolvimento em blockchain, uma câmara de compensação para as melhores tecnologias Open Source.

Os membros do Hyperledger estão simplesmente entusiasmados com as possíveis aplicações da blockchain. Desde a invenção da internet, nunca vimos uma tecnologia que tivesse tanto potencial para mudar radicalmente o que pensamos sobre instituições, informação e transferência de valor. Baseando-se nessa crença, a Fundação Linux começou o projeto Hyperledger em 2015. É o lugar onde grandes empresas de tecnologia e finanças vão para se tornar parte do desenvolvimento da blockchain. Até agora, o Hyperledger tem o apoio da Samsung, Intel, IBM, Airbus, CISCO, American Express, JP Morgan e mais.

O pensamento está em vias de tornar a blockchain viável no longo prazo, mas precisamos explorar várias possíveis aplicações para a tecnologia e tornar o acesso à informação da blockchain o mais igualitário possível. O Hyperledger acredita ser possível que a blockchain possa impactar tudo o que fazemos em nosso cotidiano, e garantir uma plataforma neutra e aberta para a nova tecnologia para ter certeza de que todos serão beneficiados e ninguém ficará de fora.

Ao invés de criar uma moeda, como vários outros projetos de blockchain, o Hyperledger se foca em criar projetos e plataformas. Eles estão criando a fundação e infraestrutura para futuros projetos baseados na blockchain criando bases de código, bibliotecas, convenções, padrões, estruturas e ferramentas que façam o desenvolvimento de blockchains mais fácil e mais rápido.

IOTA

IOTA significa *Internet of Things Application* (Aplicação da Internet das Coisas), e ela busca ser a infraestrutura para bilhões de dispositivos inteligentes – como sensores, câmeras e medidores – que são e serão conectados à internet. Esses dispositivos inteligentes precisam de acesso a recursos como eletricidade, largura de banda, armazenamento de dados e poder de computação, mas atualmente não há uma forma deles compartilharem esses recursos por meio da internet das coisas.

A visão da IOTA é permitir que dispositivos se comuniquem e comprem recursos uns dos outros usando microtransações de menos de um centavo. Para possibilitar um sistema de microtransações rápido, sem atrito e grátis, a IOTA eliminou a blockchain. Ao invés disso, ela usa uma tecnologia criptográfica relacionada, conhecida como grafo acíclico dirigido. (*DAG – Directed Acyclic Graph*) para criar uma teia complexa de transações. Para fazer uma nova transação na IOTA, você precisa verificar outras duas transações primeiro. IOTA chama sua primeira cadeia DAG de "*The Tangle*" (O Emaranhado). Boa parte da infraestrutura da IOTA é nova e relativamente não testada, então há motivo para preocupação. Porém, se os desenvolvedores puderam criar um sistema funcional, eles poderiam criar toda uma nova economia de microtransações gratuitas que era anteriormente impossível devido às taxas de transação.

RIPPLE

O Ripple é uma plataforma para pagamentos internacionais e uma moeda para facilitar esses pagamentos. O que torna o Ripple diferente das outras criptomoedas é que ele não busca acabar com o atual sistema de instituições financeiras. Ao invés disso, a Ripple se vende como um serviço de pagamento e um provedor de liquidez para bancos e processadores de pagamento.

Pagamentos, especialmente através de fronteiras, são lentos e caros. Os bancos ainda não alcançaram a revolução tecnológica que nos deu a internet e acesso imediato a informação. Inclusive, transações bancárias ainda demoram dias para serem processadas e frequentemente cobram taxas muito caras. O Ripple usa a criptografia da blockchain, implementada em uma rede de verificadores confiáveis, para possibilitar pagamento instantâneo para bancos com menores taxas e requerimentos de liquidez.

A ideia por trás do Ripple é agir como uma infraestrutura para as instituições financeiras existentes. Embora várias outras criptomoedas tentem substituir ou competir com instituições financeiras, o Ripple está trabalhando com elas e oferece uma forma baseada na blockchain de processar transações que é mais eficiente que a forma tradicional. E parece estar funcionando. O Ripple já está sendo adotado por mais de 100 instituições financeiras, incluindo a American Express, e nesse ritmo o Ripple pode se tornar um padrão da indústria para pagamentos.

A moeda do Ripple é a quarta criptomoeda mais valiosa no mundo enquanto escrevo. Isso é na maior parte devido à alta demanda por Ripple como uma forma de liquidar pagamentos entre bancos que operam com diferentes moedas. Usando a RippleNet, os bancos podem transferir e liquidar contas em moedas sem lastro, como dólares ou libras, mas eles podem também usar a moeda do Ripple para liquidar as dívidas dentro do sistema.

Adoção Corporativa

Hyperledger, IOTA e Ripple – junto com os contratos inteligentes do Ethereum – mostram o potencial de tecnologias blockchain fora do ambiente das criptomoedas. A blockchain é uma tecnologia que funciona mais rapidamente e usa menos recursos que o sistemas atuais em várias indústrias. Como resultado, algumas empresas estão implementando suas próprias soluções blockchain internas e privadas, que usam seus atuais poder de processamento, rede de escritórios e centros de dados mais eficientemente. A Microsoft está desenvolvendo o Projeto Bletchley, um blockchain-como-serviço aberto e modular que empresas podem usar junto com tecnologias como a Azure como base para suas necessidades de softwares e servidores empresariais. A Accenture e a JP Morgan estão trabalhando em livros-razão distribuídos empresariais com funcionalidades adicionais para permissões e segurança. A IBM também oferece serviços de blockchain empresariais.
É claro que os bancos estão considerando formas com que a blockchain poderia melhorar seus pagamentos, e um grupo de bancos está se organizando para tentar fazer algo similar ao que o Ripple já está fazendo para suas infraestruturas de pagamento. Fora das finanças, líderes em inteligência artificial estão considerando formas de usar o poder de processamento da mineração da blockchain para treinar algoritmos de aprendizado de máquina com grandes bancos de dados. A blockchain tem grandes potenciais na área de

cibersegurança, pois ela cria sistemas que permitem somente adição, e criptograficamente muito difíceis de editar mais tarde. Provavelmente veremos a blockchain aplicada no gerenciamento de cadeias de fornecimento, pois inventários e requisições ainda são livros-razão e podem ser facilmente adicionados a blocos. De forma similar, saúde e registros de pacientes poderiam ser revolucionados com uma blockchain que possa armazenar dados anonimamente e somente revelá-los quando o paciente entrega ao médico uma chave privada de visualização.

As aplicações da blockchain são fantásticas e infinitas, e é difícil saber ao certo o quanto a tecnologia blockchain irá revolucionar nosso mundo e quanto tempo demorará até isso.

Os dApps Blockchain e DAOs Vão Mudar Tudo?

Entusiastas da blockchain imaginam um mundo onde as instituições haverão perdido e a blockchain será a vencedora. Qualquer coisa da sua conta do banco ao seguro do carro a votações são agora feitas na blockchain através de organizações autônomas e aplicativos descentralizados. Devido a essa descentralização, as instituições não precisam mais influenciar nossas decisões ou dados sobre nós. Nossas vidas são mais eficientes porque as transações são mais rápidas e baratas porque a rede cria confiança entre desconhecidos.

Por outro lado, os opositores à blockchain creem que a tecnologia seja uma bolha, sobrevalorizada e não tão revolucionária quanto seus fãs predizem. Qualquer um que acredite que as instituições poderosas da atualidade irão permitir que elas sejam derrubadas é inocente. Embora a tecnologia será usada, ela ajudará essas instituições a ganhar maiores lucros sem mudar de forma alguma a experiência de vida de uma pessoa normal.

Na verdade, o verdadeiro futuro da blockchain está em algum lugar no meio termo. A maioria das pessoas não percebem que a blockchain ainda está em sua infância, e ela não estará pronta para resolver problemas mundiais por pelo menos mais 5 a 10 anos. Quando ela atingir a maturidade, ela provavelmente será implementada por grandes corporações e instituições. Ela os ajudará a ganhar mais dinheiro, e tornará nossas vidas mais eficientes também.

A principal questão é que a blockchain ainda não é útil. Mesmo com os crescentes preços das criptomoedas, elas não estão nem perto de serem *mainstream*, e é difícil usá-las para comprar qualquer coisa de útil, muito menos para pagar seu aluguel ou conta de energia. Embora a tecnologia tenha um enorme potencial, ela ainda vai precisar de muito trabalho antes de se tornar *mainstream*. Ela provavelmente também irá falhar, às vezes de formas espetaculares, antes de ser bem-sucedida.

A Descentralização tem o Potencial de Revolucionar a Vida como a Conhecemos

A era digital começou com computadores pessoais descentralizando o poder de processamento. Os primeiros PCs significaram que qualquer um poderia usar computadores para responder perguntas e criar novos conteúdos. A internet descentralizou a informação. Agora, qualquer pessoa no mundo pode encontrar informação sobre quase qualquer assunto através de uma rápida pesquisa no Google, levando a uma explosão de conhecimento e criatividade. A blockchain irá descentralizar a confiança, e isso é não uma conquista pequena.

Quando dois desconhecidos podem fazer negócios ou trocar valor em qualquer lugar do mundo de graça, isso muda fundamentalmente a forma como a economia global opera. A falta de barreiras tornam fácil para mim criar um contrato com alguém na Nigéria, Tibete, ou Fiji do conforto da minha casa, e devido à forma como os contratos inteligentes são construídos, eu sei que não serei enganado por isso. O contrato não será pago até que os termos do contrato sejam cumpridos. A confiança é um dos problemas centrais da humanidade, do governo a notícias, pagamentos, saúde e transporte. Nós precisamos poder confiar em desconhecidos, como seu piloto de avião ou os policiais locais, e a blockchain ajuda nisso.

Problemas Regulatórios

É claro que a implementação de tecnologias blockchain tem seus empecilhos, e a regulação governamental parece ser o maior deles. Os governos têm verdadeiras preocupações sobre a identidade, confiança e validação de seus cidadãos. Uma tecnologia que crie confiança sem precisar de identidade ou cidadania é uma ameaça ao próprio governo, mas também torna difícil aplicar algumas leis, especialmente no caso de materiais perigosos, drogas e outros tipos de tráfico ilícito.

Com o atual crescimento de criptomoedas, os governos estão compreensivelmente preocupados com as leis contra lavagem de dinheiro que foram postas em prática para impedir que criminosos e terroristas lavassem fundos ilegais. Esses grupos poderiam investir em uma criptomoeda de privacidade, mover o dinheiro de formar não-rastreável, e então retirá-lo em uma conta diferente. Por essa razão, vários governos introduziram regulamentações que se aplicam a trocas que convertem criptomoedas a moedas sem lastro (dólares, libras, ienes).

De forma similar, os governos estão preocupados com as formas com que os contratos inteligentes poderiam ser usados para criar acordos empresariais que seriam considerados ilegais em outros contextos. Quando esses contratos são negociados através de advogados e bancos, o governo tem meios de intervir com a instituição coordenadora. Porém, com contratos independentes de instituições, se torna mais difícil para o governo monitorar e verificar a legalidade de todo contrato inteligente.

Com o crescimento da popularidade da blockchain, também irá crescer o número de regulamentações sobre como ela pode ser usada. Mas o desafio principal é tentar regular algo que é descentralizado. Eu imagino que todos concordaríamos que não queremos que a blockchain seja usada para o mal, mas como você garante isso? E quem decide o que é mau e o que é bom? Essas questões são éticas, mas elas também não apresentam uma forma clara para o governo intervir. Com as tentativas do governo de criar meios para intervir, isso pode comprometer a descentralização da blockchain que a tornou uma tecnologia tão útil para começo de conversa, tornando a regulamentação da blockchain um cenário sem chance de vitória.

A Possível Internet do Futuro, Movida a Blockchain

Chegamos ao fim, e espero que você tenha aproveitado esse mergulho em tudo relacionado à blockchain. É claro que existem centenas de projetos baseados na blockchain que este curto livro não pôde abordar, e os detalhes técnicos de cada projeto são fascinantes. Se você achou este livro interessante, eu recomendo que você mergulhe mais ainda nos diferentes livros e sites para que você possa por em contexto tudo o que você aprendeu aqui. Eu recomendo especificamente aprender mais sobre criptografia e como ela permite que todo o ecossistema blockchain exista.

Nos próximos anos, as tecnologias descritas neste livro eventualmente parecerão infantis se comparadas às futuras aplicações da blockchain. Da mesma forma como os sites estáticos dos anos 90 não se parecem em nada com os aplicativos web altamente interativos de hoje, os projetos blockchain também aumentarão em complexidade e amigabilidade. Eventualmente, todos usaremos tecnologias baseadas na blockchain como parte de nossa vida cotidiana. Ela se integrará perfeitamente com o resto de nossas vidas, e tornará a vida um pouco mais fácil para todo mundo.

Sobre o Autor

Alan T. Norman é um hacker orgulhoso, culto e ético da Cidade de São Francisco. Após receber seu Bacharelado em Ciência na Universidade de Stanford, Alan agora trabalha para uma empresa média de tecnologia informacional no coração da cidade. Ele busca trabalhar para o governo dos Estados Unidos como um hacker de segurança, mas também ama ensinar as pessoas sobre o futuro da tecnologia. Alan acredita firmemente que o futuro vai depender muito dos "geeks" de computador tanto para segurança quanto para o sucesso de empresas e empregos futuros. Em seu tempo livre, ele ama analisar e examinar tudo sobre basquete.

BALEIAS DO BITCOIN – LIVRO BÔNUS

Link para o Livro - bit.ly/2LprwpV

Outros Livros Por Alan T. Norman:

Cryptotrading Pro

https://geni.us/crypto-pt

Mastering Bitcoin for Starters

https://geni.us/bitcoin-pt

Cryptocurrency Investing Bible

https://geni.us/cripto-biblia

Hacking: Computer Hacking Beginners Guide

https://geni.us/hacking-br

Hacking: How to Make Your Own Keylogger in C++ Programming Language

HACKED: Kali Linux and Wireless Hacking Ultimate Guide

https://geni.us/hackeado-es

Contribuidores

Agradeço a Bennett Garner, quem providenciou ótimo feedback, edições cuidados, apoio moral e cutucadas gentis.

Tenho grande admiração por sua vontade de contribuir para tornar este livro o que ele é.

Uma Última Coisa

VOCÊ GOSTOU DO LIVRO?

SE SIM, ENTÃO ME AVISE DEIXANDO UMA RESENHA NA AMAZON! Resenhas são o sangue de autores independentes. Eu apreciaria muito algumas palavras e uma avaliação, se isso for o que der tempo para você.

SE VOCÊ NÃO GOSTOU DESTE LIVRO, ENTÃO POR FAVOR ME DIGA! Me mande um e-mail para alannormanit@gmail.com e me deixe saber o que você não gostou! Talvez eu possa mudar isso. No mundo de hoje um livro não precisa ser estático, ele pode melhorar com o tempo e comentários de leitores como você. Você pode mudar este livro, e eu apreciaria de seu feedback. Ajude a tornar este livro melhor para todo mundo!

www.ingramcontent.com/pod-product-compliance
Lightning Source LLC
La Vergne TN
LVHW020052210726
843507LV00015B/1798